CONTEÚDO DIGITAL PARA ALUNOS
Cadastre-se e transforme seus estudos em uma experiência única de aprendizado:

1 Entre na página de cadastro:
www.editoradobrasil.com.br/sistemas/cadastro

2 Além dos seus dados pessoais e de sua escola, adicione ao cadastro o código do aluno, que garantirá a exclusividade do seu ingresso a plataforma.

9327763A1930269

3 Depois, acesse: www.editoradobrasil.com.br/leb
e navegue pelos conteúdos digitais de sua coleção :D

Lembre-se de que esse código, pessoal e intransferível, é valido por um ano. Guarde-o com cuidado, pois é a única maneira de você utilizar os conteúdos da plataforma.

Editora do Brasil

BRINCANDO COM CIÊNCIAS

ORGANIZADORA: EDITORA DO BRASIL

ENSINO FUNDAMENTAL

5ª EDIÇÃO
SÃO PAULO, 2020

Dados Internacionais de Catalogação na Publicação (CIP)
(Câmara Brasileira do Livro, SP, Brasil)

Brincando com ciências, 5 : ensino fundamental /
organização Editora do Brasil. -- 5. ed. --
São Paulo : Editora do Brasil, 2020. --
(Brincando com)

ISBN 978-65-5817-242-0 (aluno)
ISBN 978-65-5817-243-7 (professor)

1. Ciências (Ensino fundamental) I. Série.

20-39587   CDD-372.35

Índices para catálogo sistemático:

1. Ciências : Ensino fundamental   372.35

Cibele Maria Dias - Bibliotecária - CRB-8/9427

© Editora do Brasil S.A., 2020
Todos os direitos reservados

Direção-geral: Vicente Tortamano Avanso

Direção editorial: Felipe Ramos Poletti
Gerência editorial: Erika Caldin
Supervisão de arte: Andrea Melo
Supervisão de editoração: Abdonildo José de Lima Santos
Supervisão de revisão: Dora Helena Feres
Supervisão de iconografia: Léo Burgos
Supervisão de digital: Ethel Shuña Queiroz
Supervisão de controle de processos editoriais: Roseli Said
Supervisão de direitos autorais: Marilisa Bertolone Mendes

Supervisão editorial: Angela Sillos
Edição: Erika Maria de Jesus
Assistência editorial: Rafael Vieira
Auxílio editorial: Luana Agostini
Especialista em copidesque e revisão: Elaine Silva
Copidesque: Gisélia Costa, Ricardo Liberal e Sylmara Beletti
Revisão: Amanda Cabral, Andréia Andrade, Fernanda Almeida, Fernanda Sanchez, Flávia Gonçalves, Gabriel Ornelas, Jonathan Busato, Mariana Paixão, Martin Gonçalves e Rosani Andreani
Pesquisa iconográfica: Elena Molinari
Assistência de arte: Daniel Campos Souza
Design gráfico: Cris Viana
Capa: Megalo Design
Edição de arte: Samira de Souza
Imagem de capa: Nicolas Viotto
Ilustrações: Alessandro Passos da Costa, Conexão, Dawidson França, Eduardo Belmiro, Estúdio Ornitorrinco, Fabio Nienow, Helio Senatore, Ilustra Cartoon, Karina Farias, Lucas Busato, Luis Lentini, Luis Moura, Marcos Farrel, Marcos de Mello, molekuul_be/Shutterstock.com, Osni e Cotrim, Paulo César Pereira, Paulo Manzo, Paulo Nilson, Pietro Antognioni, Reinaldo Vignati, Robson Olivieri, Ronaldo Barata, Rodval Matias, Saulo Nunes Marques, Selma Caparroz, Shutterstock_Designua, Shutterstock_SmartS, Shutterstock_VOOK, Tarcísio Garbellini, Waldomiro Neto e Vagner Coelho
Produção cartográfica: DAE (Departamento de Arte e Editoração),
Editoração eletrônica: Camila Suzuki e Gilvan Alves da Silva
Licenciamentos de textos: Cinthya Utiyama, Jennifer Xavier, Paula Harue Tozaki e Renata Garbellini
Controle de processos editoriais: Bruna Alves, Carlos Nunes, Rita Poliane, Terezinha de Fátima Oliveira e Valéria Alves

5ª edição / 3ª impressão, 2022
Impresso no parque gráfico da A.R. Fernandez

Rua Conselheiro Nébias, 887
São Paulo, SP – CEP: 01203-001
Fone: +55 11 3226-0211
www.editoradobrasil.com.br

APRESENTAÇÃO

Querido aluno,

Este livro foi escrito especialmente para você, pensando em seu aprendizado e nas muitas conquistas que virão em seu futuro!

Ele será um grande apoio na busca do conhecimento. Utilize-o para aprender cada vez mais na companhia de professores, colegas e de outras pessoas de sua convivência.

Estudar Ciências é valorizar a vida, a natureza e compreender um pouco melhor o Universo em que vivemos.

Aproveite as informações e as atividades deste livro para fazer do mundo um lugar cada vez melhor!

Com carinho,
Equipe da Editora do Brasil

SUMÁRIO

VAMOS BRINCAR 7

Unidade 1 – O Universo 12
- Histórias da criação 12
- A história do Universo 13
- **Pequeno cidadão** – Astronomia indígena 17
- As galáxias 18
- As constelações 23
- O Sistema Solar 26
- Movimentos da Terra 31
- As fases da Lua 33

Unidade 2 – A água 38
- Água: uma riqueza do Brasil 38
- Água em quase toda parte 39
- Origem da água que usamos 41
- **Pequeno cidadão** – Hora de beber água 44
- Estados físicos da água 45
- Outras propriedades da água 46
- O ciclo da água 48
- Rios voadores 50

Água e saúde 54
Estação de tratamento de água 55
Doenças relacionadas à água 56

Unidade 3 – O ar 62
- Ele está em toda parte 62
- Composição do ar 63
- Atmosfera terrestre 66
- Propriedades do ar 71
- Fenômenos atmosféricos 75
- **Pequeno cidadão** – Cuidado com o ar seco! 78

Unidade 4 – O solo 82
- Formação e composição do solo 82
- Tipos de solo 84
- As rochas e os minerais do subsolo 88
- Dinossauros 90
- Desgaste do solo 94
- Saneamento básico 98
- O solo e a agricultura 101
- **Pequeno cidadão** – Protegendo o solo 102

Unidade 5 – Recursos energéticos 104
A energia em nossa vida 104
Fontes de energia 105
Devemos economizar energia! 118

Unidade 6 – Os seres vivos e os ambientes 120
A vida no planeta Terra 120
O que é Ecologia? 123
Os biomas brasileiros 128
Pequeno cidadão – Preservação de espécies 129

Unidade 7 – Corpo humano 138
Hora de cuidar do corpo! 138
O corpo é formado por células 139
Sistema digestório 142
Os nutrientes de que o corpo precisa 146
Sistema urinário 152
Sistema respiratório 154
Sistema cardiovascular 155
Operando em conjunto 156
Sistema nervoso 160
Sistema genital 163
A vida dividida em fases 164
Adolescência – uma etapa de mudanças 165
Gerando uma nova vida 166

Unidade 8 – Matéria e energia 168
Matéria e energia ao nosso redor 168
Propriedades da matéria 169
Transformações da matéria 174
Energia 177
Invenções 184
Pequeno cidadão – *Cyberbullying*: o lado negativo da tecnologia 185
Brinque mais 188

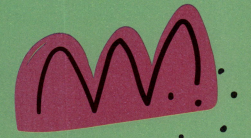

VAMOS BRINCAR

1 Os seres humanos já enviaram espaçonaves tripuladas e não tripuladas para diversas regiões do Sistema Solar.

Há algo estranho aqui! Observe a imagem e aponte os objetos que não deveriam estar viajando pelo espaço.

2 Este é o "jogo da água"! Convide um colega para se divertir com você. Vocês precisarão de duas bolinhas de papel de cores diferentes e um dado. O jogador deverá jogar o dado e andar a quantidade de casas que ele mostrar. Se cair em uma casa com imagem, deve identificar o estado físico da água e seguir as instruções do texto. O jogo terminará quando um dos participantes chegar ao final da trilha.

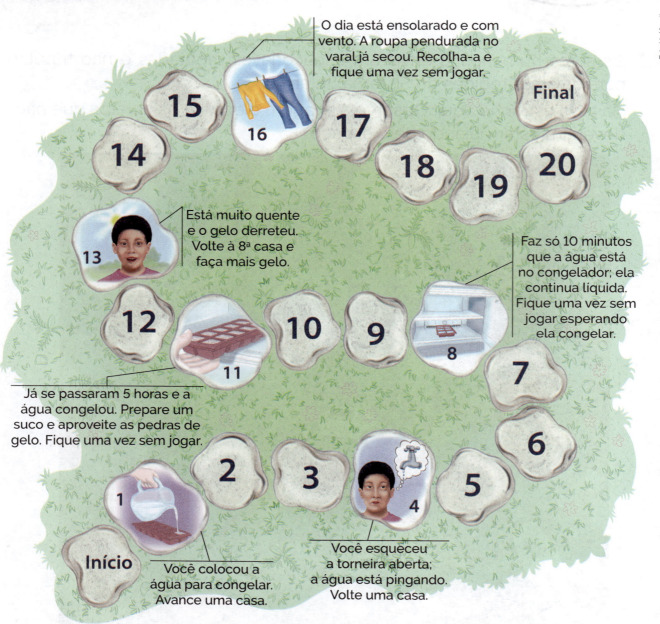

- Em quais estados físicos a água é mencionada na imagem acima?

_____
_____

3 Muitos seres convivem conosco no dia a dia. Alguns nos beneficiam e outros podem causar doenças, mas nem sempre podemos ver todos eles.

■ Ligue os pontos e descubra onde podemos encontrar alguns desses seres.

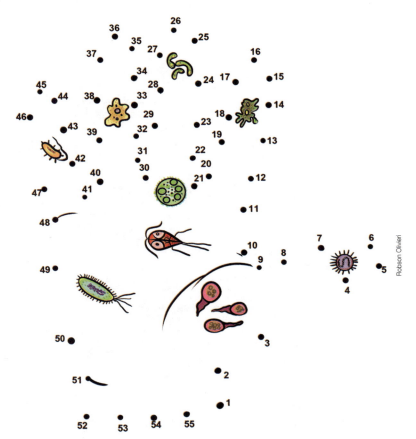

a) Que desenho você formou?

_____

b) Na imagem estão representados alguns microrganismos. O que você sabe sobre eles?

_____

_____

c) Com base na leitura da imagem, percebemos a importância de adotarmos uma prática para proteger nossa saúde. Que prática é essa e por que devemos adotá-la?

_____

_____

4. Origami é uma técnica japonesa de dobraduras que utiliza apenas um pedaço de papel para criar diversas figuras. Experimente fazer o origami abaixo.

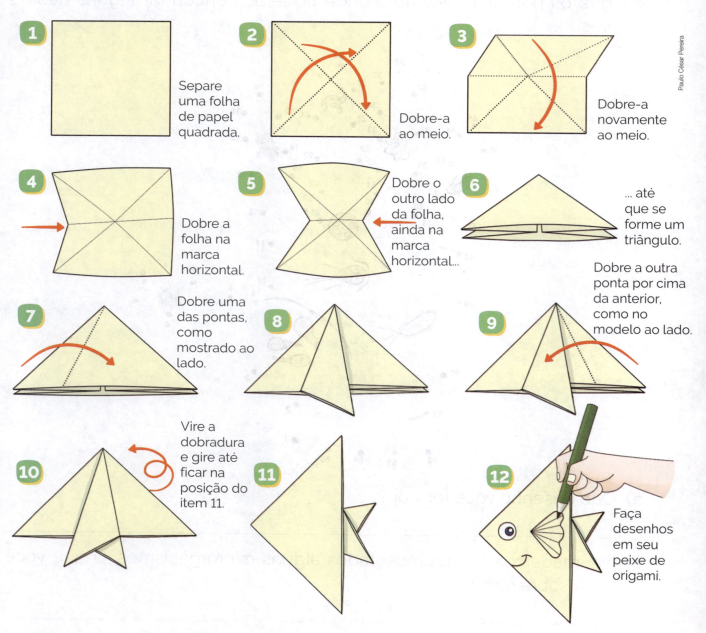

a) Classifique o peixe quanto ao hábitat, ao revestimento do corpo e à locomoção.

b) Você já ouviu falar de animais vertebrados e invertebrados? Como você classificaria o peixe?

5 Ao fazer a segunda ilustração, o desenhista alterou a imagem e modificou oito itens. Você é capaz de identificá-los?

- Entre os itens modificados, quais correspondem a atitudes que fazem bem à saúde e ao meio ambiente?

_____
_____
_____

UNIDADE 1

O UNIVERSO

Histórias da criação

Povos antigos desenvolveram várias narrativas para explicar o surgimento do Universo. Curiosamente, muitas culturas costumam contar que tudo começou com um ovo. Esse é o caso de alguns povos da China, do Egito, da Polinésia e da Índia. Acompanhe a narrativa a seguir.

O ovo cósmico

Mahat, o pequeno indiano, era muito curioso e inteligente. Gostava que sua avó lhe contasse das antigas tradições de seu povoado. Um dia ele pediu: "Vovó, conte novamente aquela história do surgimento do Universo".

Sua avó, Indira, narrou: "No início o Universo não existia. De repente, ele passou a existir, transformando-se em um ovo. Esse ovo boiava no nada. Depois de longo tempo, o ovo chocou. Uma metade da casca era de prata; a outra, de ouro. A metade de prata, onde ficava a gema e a clara, transformou-se na Terra, com suas águas e montanhas. A parte de ouro transformou-se no céu. E então nasceu o Sol. Seres vivos surgiram e deram gritos de alegria porque faziam parte da criação".

A história do Universo

O surgimento do Universo sempre foi um tema de interesse para todos os povos antigos. A história da página anterior mostra que muitos povos desenvolveram narrativas para contar como tudo o que existe surgiu. Essas narrativas são chamadas de lendas. Elas fazem parte da tradição das civilizações.

Com o tempo, apareceram pessoas dedicadas a estudar os astros de forma científica, buscando explicações nas leis da natureza.

O Universo contém tudo o que existe, desde a menor partícula até a maior estrela, incluindo toda matéria, energia e espaço. Ninguém sabe ao certo qual é seu tamanho nem sua forma.

Observe a imagem a seguir. Ela mostra muitos astros em uma pequena parte do Universo.

Imagem do espaço registrada por um telescópio, instrumento que amplia muitas vezes as imagens.

Os astrônomos, cientistas que estudam os corpos celestes e o espaço sideral, pensaram em vários modelos para explicar a origem do Universo.

A teoria mais aceita afirma que, inicialmente, uma quantidade imensa de energia estava concentrada em um único ponto. Em certo momento, ocorreu uma forte explosão e a energia desse ponto começou a se espalhar. Isso ocorreu há cerca de 13,7 bilhões de anos. Essa fonte de energia inicial deu origem a tudo o que existe hoje. Veja as imagens a seguir.

A proporção entre as dimensões dos astros representados, a distância entre eles e as cores utilizadas não correspondem aos dados reais.

1. O Big Bang (Ponto zero)

De acordo com a teoria do Big Bang ("grande explosão", em português), há cerca de 13,7 bilhões de anos deu-se início o Universo como conhecemos hoje. Tudo que nele existe se originou a partir de um ponto muito pequeno, denso e quente, que concentrava tudo o que viria a existir. Em determinado momento, esse ponto passou a se expandir, liberando imensa quantidade de energia e matéria. No princípio o Universo era muito quente e não havia luz.

2. Formação das galáxias (500 milhões de anos depois)

A gravidade, que é a força de atração mútua entre os corpos, fez os elementos que estavam espalhados se unirem e formarem massas de gás e poeira. Inúmeras dessas massas acumularam matéria suficiente para se tornarem estrelas e neste momento surgiu a luz. Bilhões de estrelas e outros astros formam conjuntos enormes que chamamos de galáxias espalhadas pelo Cosmo (o mesmo que Universo).

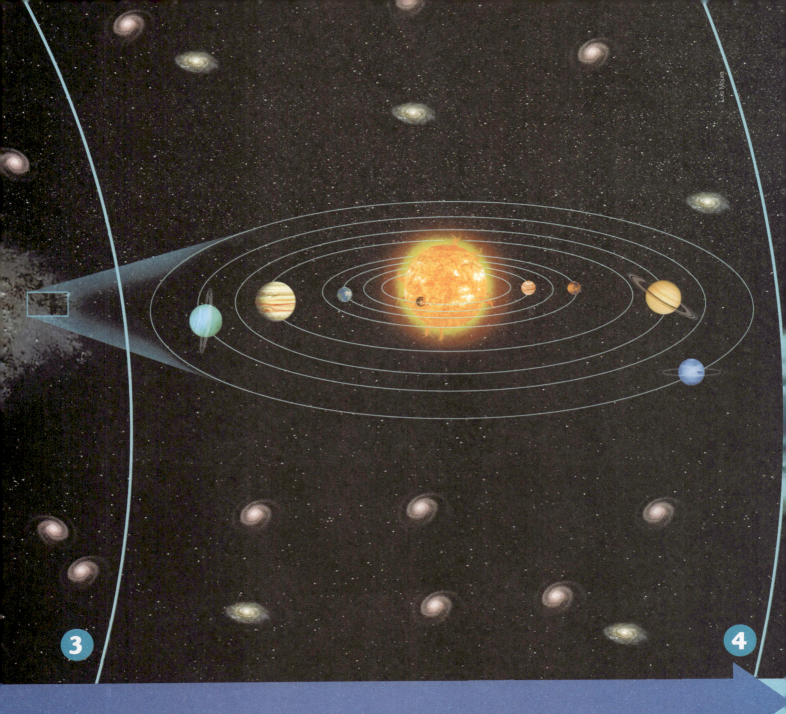

3. Nossa galáxia e a formação do Sistema Solar (9 bilhões de anos depois)

A nossa galáxia se chama Via Láctea, e tem bilhões de estrelas. Uma delas é o Sol, que é muito importante para toda a vida. A formação do Sol se deu ao mesmo tempo em que, ao seu redor, quantidades menores de matérias se fundiam e formavam os oito planetas que fazem parte do Sistema Solar, assim como todos os outros astros desse sistema. Esse processo deu origem inclusive à Terra, que era uma massa extremamente quente e com o tempo se esfriou. Logo a atmosfera começou a se formar, assim como a crosta terrestre e os oceanos, compondo o planeta como o conhecemos hoje.

4. O Universo atualmente (13,7 bilhões de anos depois)

Depois daquela explosão inicial (Big Bang), o Universo continuou em expansão. Não se sabe se esse movimento permanecerá eternamente ou se algum dia se interromperá. Os astrônomos estudam continuamente o Cosmo para tentar responder a essa e a outras perguntas.

ATIVIDADES

1 Consulte o esquema das páginas 14 e 15 e responda às questões.

a) De acordo com a teoria do Big Bang, quanto tempo se passou até que surgissem as primeiras galáxias?

_____

b) Quanto tempo se passou até o surgimento do Sistema Solar?

_____

c) Quanto tempo se passou desde a explosão inicial até hoje? Ou seja, qual é a idade aproximada do Universo?

_____

2 Numere as imagens a seguir com os números 1, 2 e 3 para representar a sequência das etapas de formação do Universo.

a)

Surgimento da galáxia Via Láctea.

b)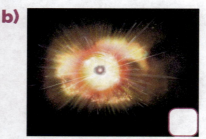

Ocorre o Big Bang.

c)

Formação do planeta Terra.

Ilustrações: Luis Moura

3 Agora você é o cientista! Pesquise os planetas do Sistema Solar e selecione o que achar mais bonito. Depois, desenhe-o no espaço abaixo e escreva uma característica desse planeta.

 PEQUENO CIDADÃO

Astronomia indígena

Leia a seguir o trecho de uma lenda indígena que explica o surgimento e o movimento do Sol e da Lua.

No começo, ainda no silêncio... [...]
Nada se via. Nem olhos havia para ver. [...]
Então nasceu o Sol, Guaraci.
[...] primeiro um clarão no nascente, depois uma bola de luz vermelha...
[...] ia clareando tudo... iluminando tudo, aquecendo tudo, derramando
vida em tudo... Então Guaraci viu aquele nada e começou a criar...
Criou as águas, muitas águas: águas de sal,
águas doces, águas de jorrar do céu...
Depois criou as terras, [...] Guaraci ficou cansado. [...]
Nesse sono ou nesse sonho, no meio dessa
escuridão toda, Guaraci criou a Lua, Jaci. [...]
Subindo no céu, foi surgindo ela, Jaci, [...] e subia,
e quanto mais alta subia, o seu brilho virava prata,
e fazia um lindo clarão iluminando toda a natureza.
[...] Guaraci ficou muito encantado e tão apaixonado
[...] mas ah... quando abria os olhos, tudo se iluminava
de um jeito mais forte e colorido, e ela desaparecia...

Leonardo Rudá. *Mito de Rudá*. In: Leonardo Rudá. *Leonardo Rudá*. [S. l.], 28 set. 2010. Disponível em: https://leoruda.wordpress.com/tag/couto-magalhaes/. Acesso em: 30 jul. 2020.

1 De acordo com a lenda indígena contada, que nome é dado ao Sol? E à Lua?

2 Por que é importante respeitar a cultura de outros povos?

Dança da mandioca dos indígenas kayapó. Aldeia Moikarako, Terra Indígena Kayapó. São Félix do Xingu, Pará, 2016.

As galáxias

As galáxias são **aglomerados** de milhões ou bilhões de estrelas.

A galáxia em que se encontra o planeta Terra se chama Via Láctea. Ela é composta por mais de 100 bilhões de estrelas. Seu nome surgiu por conta de lendas de povos da Antiguidade, que relacionavam os aglomerados de estrelas da galáxia, quando vistos da Terra, a jatos de leite (lácteo significa "feito de leite").

GLOSSÁRIO

Aglomerado: vários elementos que estão juntos.

Faixa da Via Láctea observada da Terra, da Cordilheira do Himalaia. Ela tem aspecto que lembra uma mancha leitosa no céu.

Representação artística de galáxia com a forma de espiral achatada, semelhante à Via Láctea.

As estrelas e nebulosas

Estrelas são astros luminosos, ou seja, que têm luz própria, como o Sol. As estrelas nascem da concentração de matéria em grandes nuvens de gás e poeira. Durante a formação de uma estrela, esses materiais são arrastados para seu centro e passam a constituir uma massa cada vez maior e mais quente. Assim, a parte central da estrela concentra altíssima quantidade de energia, o que a faz produzir sua própria luz.

O processo de formação de uma estrela pode liberar material no espaço, que dará origem a planetas e outros astros.

As estrelas geralmente se originam de nebulosas, áreas de concentração de gás e poeira. Elas também podem se formar da colisão entre duas galáxias, o que libera imensas nuvens de gás e poeira. O brilho de uma estrela pode durar milhões ou até bilhões de anos. Estima-se que o Sol, atualmente com aproximadamente 4,8 bilhões de anos, possa existir ainda por cerca de 10 bilhões de anos.

Quanto maior a estrela, menor será seu tempo de existência.

Imagem da Nebulosa da Águia. Este é um exemplo de local onde há concentração de gases e poeira que formam estrelas, chamados nebulosas ou berçário de estrelas.

Podemos observar, da Terra, estrelas localizadas a grande distância de nós.

Nebulosa de Órion, um importante berço de estrelas. Ela fica localizada em uma região do céu chamada Constelação de Órion, da qual fazem parte as famosas estrelas Três Marias.

BRINCANDO DE CIENTISTA

Programas e aplicativos nos ajudam a entender o céu

Você sabia que pode conhecer as constelações que vê no céu usando programas e aplicativos? Um desses programas é o Stellarium. Com ele, além de ver melhor as constelações, é possível saber como o céu está no exato momento de sua pesquisa ou como estava em qualquer dia anterior, e também observar os astros mais de perto.

O programa é gratuito e está disponível em: www.stellarium.org (acesso em: 29 abr. 2020).

Ao abrir o programa pela primeira vez, para que ele mostre o céu de sua localidade, clique no botão de localização no menu lateral (ou aperte F6 no teclado) e siga as instruções.

1. Escreva o nome da cidade onde você mora ou clique no mapa sua localização. Pronto, agora você está vendo o céu de sua cidade.

2. Encontre, na barra inferior, os botões que ativam e desativam os modos superfície (o chão), os pontos cardeais e a atmosfera.

a) Desative o modo atmosfera.
- Descreva o que aconteceu.
- Por que isso acontece?

b) Desative o modo superfície.
- Descreva o que aconteceu.
- Como fica a observação com o modo superfície desativado? Mais fácil ou mais difícil?

3) Na barra inferior, clique nos botões do nome das constelações e das imagens das constelações.
- Agora, escolha uma constelação que você esteja vendo, desenhe-a e escreva o nome dela.

Esses são apenas exemplos de usos e descobertas que você pode fazer com o Stellarium. Explore-o!

SAIBA MAIS

O ano-luz

O quilômetro não é adequado para medir distâncias gigantescas, como a que existe entre os astros – então, usa-se o ano-luz. Essa medida é a distância percorrida pela luz em um ano. A luz viaja a uma velocidade de 300 mil quilômetros por segundo. Ora, se ela percorre essa distância em 1 segundo, que distância percorreria em 365 dias (um ano)? Fazendo as contas, obtemos: em um ano, a luz percorre 9,46 trilhões de quilômetros. Esse é o valor de um ano-luz.

Para distâncias gigantescas, a solução é usar a medida ano-luz.

PESQUISANDO

1. Forme um grupo com seus colegas e escolham um astro, como uma estrela ou planeta, ou mesmo uma constelação ou uma galáxia. Depois, pesquisem qual a distância entre o astro ou conjunto de astros escolhido e a Terra, medida em anos-luz. Com essas informações, preencha o texto abaixo.

A distância entre a Terra e _____

é de _____ anos-luz.

- Se uma nave espacial pudesse viajar na velocidade da luz, quanto tempo levaria para ir da Terra até o astro ou conjunto de astros escolhido?

_____

As constelações

Não é apenas o Sol que nasce em um ponto no horizonte e se põe em outro. Esse fenômeno ocorre igualmente com as estrelas vistas no céu à noite. Mas não são elas que se movimentam, e sim a Terra. Da mesma forma, temos a falsa impressão de que o Sol gira ao redor do nosso planeta.

Esse movimento aparente das estrelas ajudou a guiar as pessoas na Terra ao longo da história, como durante o período das Grandes Navegações.

Enquanto eram observados, alguns desses astros receberam nomes, facilitando seu reconhecimento. Ao se olhar para o céu, notou-se também algumas estrelas mais próximas umas das outras, dando a impressão de formar figuras. Essas figuras passaram a ser conhecidas como **constelações**.

Os povos da Antiguidade viram nesses desenhos as representações de animais, deuses, heróis, guerreiros e figuras mitológicas. Contudo, por mais belas que sejam, elas são apenas figuras imaginárias no céu. As estrelas que constituem uma constelação não têm qualquer ligação física entre si.

Estrelas próximas formando a Constelação Cruzeiro do Sul.

Foram inseridas linhas brancas, para destacar a figura da cruz.

Estrelas próximas que formam a Constelação de Escorpião.

Foram inseridas linhas brancas, para destacar a figura do escorpião.

Fotos: Eckhard Slawik/Science Photo Library-SPL/Fotoarena

A Bandeira Nacional e as constelações

Você já reparou que na Bandeira Nacional estão desenhadas 27 estrelas? Cada estrela representa um dos 26 estados da Federação mais o Distrito Federal.

As 27 estrelas, pertencentes a nove constelações, representam o aspecto do céu na cidade do Rio de Janeiro às 8 horas e 30 minutos do dia 15 de novembro de 1889, local e data da Proclamação da República.

Veja a imagem abaixo.

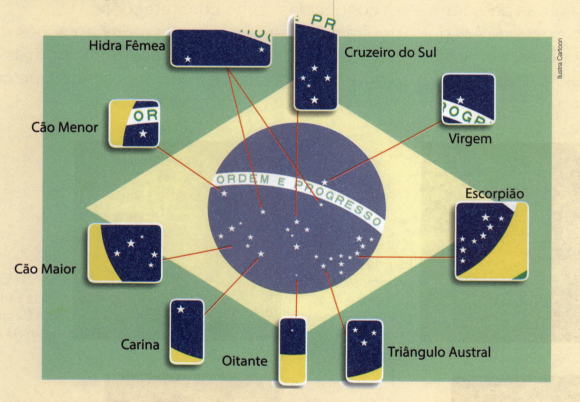

Uma curiosidade é que, na bandeira, as estrelas estão ilustradas invertidas (espelhadas) em relação à disposição que as vemos no céu. Isso indica que é a visão de um observador posicionado no espaço sideral.

As estrelas de uma constelação são nomeadas de acordo com o alfabeto grego (alfa, beta, gama, delta, épsilon etc.) e com a intensidade de seu brilho no céu. A estrela mais brilhante é chamada de Alfa, a segunda mais brilhante de Beta, e assim por diante.

ATIVIDADES

1 O que a imagem abaixo representa, de acordo com o conteúdo estudado?

_____

2 Ligue o nome de cada corpo celeste à definição correspondente.

a) galáxia — Nuvem de poeira e gás na qual geralmente se formam as estrelas.

b) estrela — Enorme conjunto de bilhões de estrelas e outros astros celestes.

c) nebulosa — Galáxia em que se encontra a Terra.

d) Via Láctea — Astro que tem luz própria.

3 Quanto tempo a luz de uma estrela localizada a uma distância de 13 anos-luz de nós leva para chegar à Terra?

_____
_____

O Sistema Solar

Passados nove bilhões de anos, em um dos braços da Via Láctea começou a se formar a nebulosa solar, que deu origem ao Sol.

Durante a formação do Sol, partes de seu próprio material se soltaram e continuaram a girar e a esfriar. Essas partes eram muito pequenas para dar origem a estrelas. Elas formaram os planetas e outros astros do Sistema Solar, como satélites, asteroides e cometas.

Esses astros não geram energia e, portanto, não liberam luz nem calor. Seu brilho no céu ocorre porque refletem a luz do Sol.

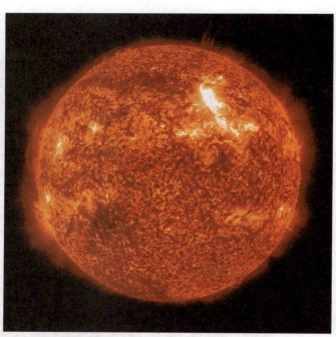

O Sol emite energia em todas as direções e ilumina todos os outros astros do Sistema Solar.

A proporção entre as dimensões dos astros representados, a distância entre eles e as cores utilizadas não correspondem aos dados reais.

Representação parcial do Sistema Solar.

Os planetas do Sistema Solar

Mercúrio

Mercúrio é o planeta mais próximo do Sol. É o menor deles: tem 4,9 mil quilômetros de diâmetro. É rochoso e repleto de crateras parecidas com as da Lua. Mercúrio não tem **satélites naturais**; seus dias são muito quentes e as noites, muito frias.

Mercúrio.

Vênus

Segundo planeta tendo o Sol como referência. Vênus é rochoso e tem uma atmosfera muito **espessa**, que retém calor. É considerado o planeta mais quente do Sistema Solar, pois sua temperatura pode chegar a 400 °C mesmo à noite. Vênus não tem satélites.

Vênus.

Terra

A Terra é o terceiro planeta a partir do Sol. De característica rochosa, a atmosfera de nosso planeta é menos espessa e bem diferente da atmosfera de Vênus. É o único planeta conhecido do Universo em que há vida e água líquida em abundância. Tem apenas um satélite: a Lua.

Terra.

Marte

É o quarto na sequência dos planetas. Marte é rochoso, tem dois satélites e superfície de cor avermelhada. Foram encontrados água congelada e vapor de água na superfície do planeta, mas nenhuma forma de vida até o momento, nem mesmo microrganismos.

Marte.

GLOSSÁRIO

Espesso: denso, concentrado.
Satélite natural: corpo celeste que orbita um planeta ou outro astro maior.

Júpiter

É o maior planeta do Sistema Solar e o quinto a partir do Sol. É bem maior que os outros: caberiam, por exemplo, cerca de 1300 planetas como a Terra em seu interior. A maior parte dele é formada por gases – por isso é chamado de planeta gasoso. Júpiter tem mais de 60 satélites.

Júpiter.

Saturno

O sexto planeta é o segundo maior do Sistema Solar. Também é um planeta gasoso. Até hoje, já foram descobertos mais de 50 satélites ao seu redor. Saturno é famoso por seus anéis, que são formados por fragmentos de rocha, gelo e poeira.

Saturno.

Urano

Este é o sétimo planeta. Está tão longe da Terra que não é possível observá-lo sem o uso de um telescópio. É um planeta gasoso que tem 27 satélites orbitando à sua volta.

Urano.

Netuno

É um planeta gasoso com 13 satélites e alguns anéis pouco brilhantes. É o último planeta do Sistema Solar. Não é possível observá-lo da Terra a olho nu. Por estar muito distante do Sol, sua temperatura média é congelante: 200 °C negativos!

Netuno.

ATIVIDADES

1) Marque com um **X** as alternativas que correspondem aos corpos celestes encontrados no Sistema Solar.

a) ☐ planetas

b) ☐ Sol

c) ☐ galáxias

d) ☐ nebulosas

e) ☐ asteroides

f) ☐ satélites

2) A professora ditou a lição à turma, mas um aluno perdeu algumas palavras. Vamos ajudá-lo completando o texto.

a) O maior planeta do Sistema Solar é _____. Já o menor planeta é _____. _____ é o planeta mais quente. A água foi encontrada no planeta _____, mas apenas nos estados sólido e gasoso.

b) De acordo com a distância em relação ao _____, o último da fila é _____, e o penúltimo é _____.

c) A _____ é o único planeta de que se tem conhecimento em que há vida. Nosso planeta não tem anéis ao redor, como os de _____, que são muito brilhantes.

3) Observe a imagem da página 26, leia as dicas e responda.

- Um ano é o período de tempo que um planeta leva para dar uma volta completa em torno do Sol.
- No Sistema Solar os planetas têm órbitas de diferentes tamanhos, determinadas pela distância deles em relação ao Sol.

a) Qual planeta do Sistema Solar tem o ano mais longo? E o ano mais curto? Explique sua resposta.

_____

_____

_____

Construa um periscópio

Material:
- 1 caixa de leite vazia com cerca de 20 cm × 7 cm × 7 cm (esquema 1);
- 2 espelhos retangulares com 6 cm de largura e 10 cm de comprimento (esquema 2);
- fita adesiva transparente;
- lápis, régua e tesoura sem ponta.

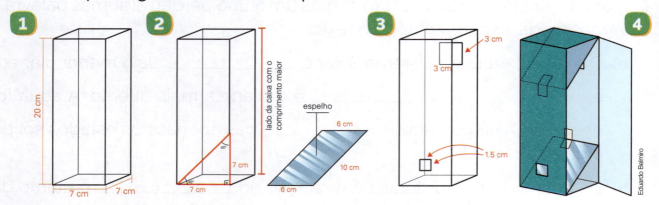

Modo de fazer

1. O professor recortará um dos lados de maior comprimento da caixa e o deixará reservado.
2. Depois, ele recortará duas janelas quadradas em lados opostos da caixa, uma na parte superior e outra na parte inferior, ambas a 1 cm dos lados. Uma janela deve medir 1,5 cm × 1,5 cm e a outra janela, 3 cm × 3 cm (esquema 3).
3. Fixe os espelhos na caixa com fita adesiva (esquema 4).
4. Cole na caixa o lado que foi recortado; junte bem as partes. Seu periscópio está pronto! Coloque-o em funcionamento.

Agora, responda:

a) Você conseguiu ver acima da linha dos olhos com seu periscópio? Explique por que isso acontece.

_____
_____

Movimentos da Terra

Quando olhamos o Sol no céu, parece que ele se movimenta. Ele surge todas as manhãs de um lado do céu, e durante o dia sua posição vai mudando até que, no final do dia, ele desaparece no lado oposto ao que surgiu de manhã.

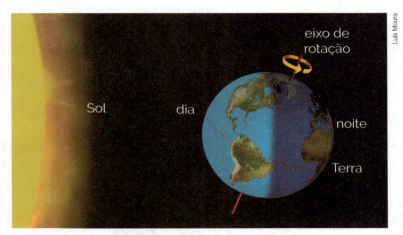

Movimento aparente do Sol no céu.

Na realidade, esse é um movimento aparente do Sol, pois quem se movimenta é a Terra, ao girar em torno do eixo central imaginário que cruza seu centro e passa pelos polos Norte e Sul, como se fosse um pião. Isso também acontece com as estrelas no céu à noite, que parecem girar em torno da Terra. De fato, é o movimento da Terra que dá essa impressão a um observador que está na superfície dela.

Esse movimento da Terra recebe o nome de rotação. Dele resultam os dias (períodos claros) e as noites (períodos escuros). Assim, ficou estabelecido que a duração de um dia inteiro é o tempo em que a Terra completa sua rotação, ou seja, cerca de 24 horas.

Representação do movimento de rotação da Terra. A seta amarela indica a direção e o sentido desse movimento.

Durante o movimento de rotação, um dos lados do planeta se volta para o Sol e recebe a luz solar. Nesse lado da Terra é dia; no lado oposto é noite.

A Terra também realiza um movimento em torno do Sol, chamado movimento de translação. Esse movimento leva aproximadamente um ano (365 dias e 6 horas) para ser completado.

A proporção entre as dimensões dos astros representados, a distância entre eles e as cores utilizadas não correspondem aos dados reais.

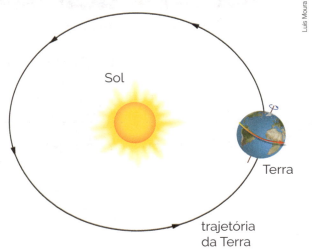

Representação do movimento de translação da Terra, em que ela leva 365 dias para dar uma volta completa ao redor do Sol.

ATIVIDADES

1 Utilize as palavras do quadro abaixo para completar a frase que informa o movimento que a Terra faz em torno de si mesma e qual a consequência disso.

> rotação   eixo   dia

A Terra gira em torno de um _____ imaginário. O nome desse movimento é _____. Cada rotação leva aproximadamente 24 horas, a duração de um _____.

2 Lívio e Victor são amigos desde muito pequenos. Lívio está se mudando para outra cidade. Acompanhe as situações a seguir.

Dia 24 de dezembro de 2020.

Dia 24 de dezembro de 2021.

a) Quantos dias se passaram aproximadamente entre o primeiro quadro e segundo?

_____

b) Que fenômeno celeste determina o intervalo de tempo mostrado nos dois quadrinhos?

_____

_____

As fases da Lua

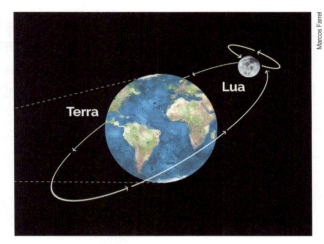

A proporção entre as dimensões dos astros representados, a distância entre eles e as cores utilizadas não correspondem aos dados reais.

Esquema da Lua girando em torno de si mesma e ao redor da Terra.

A Lua é o satélite natural da Terra e o astro que está mais próximo do nosso planeta. Por essa razão, parece maior que as estrelas, mas isso ocorre porque ela se encontra muito próxima da Terra.

Como os outros astros, a Lua também se move. Ela gira ao redor de si mesma e também ao redor do nosso planeta.

A Lua não tem luz própria. Ela reflete a luz solar e por esse motivo podemos vê-la brilhando. Dependendo da posição da Terra, do Sol e da própria Lua, a luz solar que ela reflete é percebida por nós, observadores terrestres, com diferentes aspectos, que chamamos de fases da Lua.

Observe a imagem do calendário com fases da Lua no mês de maio de 2021. Nesse mês, a Lua chega à fase quarto minguante no dia 4 (assume a forma da letra D). A partir daí, a parte visível vai ficando cada vez menor e atinge a lua nova, no dia 12. Nessa fase não vemos a Lua, pois sua face voltada para a Terra está na escuridão.

Em seguida, a parte visível começa a aumentar gradativamente (parece a letra C), seguindo para o quarto crescente no dia 20.

Nos dias seguintes, a parte que vemos de sua face iluminada pelo Sol vai se ampliando até atingir a fase de lua cheia, no dia 26. Nesse dia, sua face iluminada pelo Sol está inteira voltada para a Terra e, portanto, pode ser vista por nós completamente iluminada.

Calendário de maio de 2021.

BRINCANDO DE CIENTISTA

A observação é uma maneira muito utilizada pelos cientistas para constatar fenômenos naturais. Então, vamos observar a Lua para ver como ela muda de aspecto com o passar do tempo.

Material:
- 1 calendário atual;
- 2 cartolinas;
- régua;
- lápis de cor.

Menino fazendo registro de sua observação diária da Lua.

Modo de fazer

1. Desenhe um quadro com os dias do calendário do mês atual em uma das cartolinas. Esse quadro vai ter aproximadamente 30 dias. Para cada dia, deixe um espaço para desenhar a Lua.
2. Na outra cartolina, desenhe o calendário do mês seguinte da mesma forma que o anterior.
3. Faça observações diárias da Lua durante dois meses. Observe o aspecto dela diariamente e desenhe no quadro, no dia correspondente. Desenhe a Lua representando a parte iluminada e a sombreada.
4. Anote também, no espaço de cada data, o horário em que ela apareceu no céu.

Agora, faça o que se pede.

1. Quanto tempo passou entre duas fases da lua cheia? _____

2. A Lua aparece no céu apenas à noite?
_____
_____
_____

3. Organize, com os colegas e o professor, uma exposição dos calendários lunares na sala de aula e façam uma análise do conjunto.

> **SAIBA MAIS**

O primeiro homem no espaço

Em 12 de abril de 1961, o russo Yuri Alekseievitch Gagarin (1934-1968) deu uma volta em torno da Terra durante 108 minutos na nave Vostok-1.

Astronauta russo Yuri Gagarin.

O primeiro homem na Lua

Em 20 de julho de 1969, o módulo Águia da nave norte-americana Apollo 11 pousou na Lua. Neil Armstrong (1930-2012) foi o primeiro homem a pisar na Lua, e o segundo foi Edwin Eugene Aldrin Jr. (1930-). Michael Collins (1930-) também estava na expedição. Eles coletaram materiais e instalaram equipamentos.

Astronauta Neil Armstrong, membro da missão Apollo 11, caminha na Lua, em 1969.

ATIVIDADES

1 Ligue cada fotografia à sua descrição.

a)

b)

c)

Quarto minguante: a parte iluminada da Lua vai diminuindo dia após dia, até ocorrer a lua nova.

Quarto crescente: a parte iluminada da Lua vai aumentando dia após dia.

Lua cheia: a face da Lua voltada para a Terra é completamente iluminada pelo Sol.

2 Leia os versos abaixo da cantiga "Eu vi o Sol", que faz parte do nosso folclore.

Eu vi o Sol

Eu vi o Sol,
Vi a Lua clarear,
Eu vi meu bem
Dentro do canavial.
De manhã cedo,
Tantas **jandaias**,
Vêm as morenas
Sacudindo as saias.
Mas à tardinha,
Cantam as morenas,
Vêm as jandaias
Sacudindo as penas.

Cantiga popular. Disponível em: https://ofolclorebrasileiro.wordpress.com/cantigas-de-roda-3/. Acesso em: 4 maio 2020.

a) Como você explica o fato de a Lua brilhar no céu?

GLOSSÁRIO

Jandaia: é um tipo de ave.

3 Leia os versos e, depois, responda às questões.

> A Lua, se é hoje inteira,
> amanhã, vem por metade;
> e, assim, vai escasseando,
> vai minguando, vai minguando,
> até sumir-se, de vez!
>
> Catulo da Paixão Cearense. *O Sol e a Lua*.
> Rio de Janeiro: A Noite, 1946.

a) Por que a Lua aparece de formas diferentes?

b) Responda a que fase da Lua se refere cada um dos trechos do poema acima. Explique sua resposta.

- "A Lua, se é hoje inteira"
- "até sumir-se, de vez!"

4 Os calendários a seguir mostram as fases da Lua dos meses de fevereiro e março de 2021. Analise-os e responda às questões.

Calendário de fevereiro de 2021 que mostra as fases da Lua.

Calendário de março de 2021 que mostra as fases da Lua.

a) Qual é o intervalo de dias entre duas fases de lua cheia?

_____

b) A fase de lua nova ocorre quantas vezes nesse período? Em quais dias? Qual é o intervalo de tempo entre esses dias?

_____

UNIDADE 2 — A ÁGUA

Água: uma riqueza do Brasil

As Cataratas do Iguaçu são um conjunto de rios, lagos e cachoeiras localizado na fronteira entre a cidade de Foz do Iguaçu, no estado do Paraná, e a Argentina. São atualmente uma das principais atrações turísticas do Brasil.

Turistas nas Cataratas do Iguaçu.

Entre as quedas d'água de todo o mundo, as Cataratas do Iguaçu ficam em segundo lugar quanto à média de volume anual de água – somente atrás das Cataratas do Niágara, nos Estados Unidos. O conjunto do Iguaçu é composto de imensas cachoeiras e rios que vêm das regiões Sudeste e Centro-Oeste do Brasil e juntam-se para compor o Rio Paraná.

Essas cataratas são um exemplo de como nosso território é abundante em águas. Mas isso pode mudar se não cuidarmos das nascentes dos rios, preservando matas e combatendo o uso indevido. Nesta unidade vamos aprender um pouco a respeito desse importante recurso e como preservá-lo.

Água em quase toda parte

O maior volume de água do planeta está nos oceanos e mares. Nos rios, como os que formam as Cataratas do Iguaçu, também é fácil perceber sua presença.

A água, entretanto, pode estar também em locais não tão evidentes, como nas geleiras, na atmosfera, no subsolo e até mesmo no corpo dos seres vivos.

Nos picos nevados e nas geleiras próximas aos polos Norte e Sul existe água em forma de gelo.

A água está presente no ar, na forma de vapor (que é invisível), e nas nuvens, na forma de gotículas.

No subsolo dos continentes e ilhas é comum encontrar reservas de água.

Nos rios, lagos e oceanos existe água em estado líquido. Esses locais são habitados por vários seres vivos.

Cerca de 70% do corpo humano é composto de água. Quando fazemos atividades físicas liberamos água pelo suor, por exemplo.

Disponibilidade da água

Você sabia que o planeta Terra é também conhecido como "planeta água?

Contudo, aproximadamente 97% da água da Terra é composta de águas salgadas, que formam os mares e os oceanos. A água doce, encontrada em rios, lagos, geleiras, *icebergs* e no subsolo, representa apenas cerca de 3% do total da água do planeta. No entanto, nem toda a água doce pode ser consumida pelos seres vivos. A maior parte encontra-se congelada ou em locais que dificultam sua obtenção, como em lençóis de águas subterrâneos.

Astronauta e planeta Terra vistos do espaço.

Por tudo isso, devemos preservar esse recurso. Apesar de haver muita água no planeta, apenas uma pequena parte dela é adequada ao nosso consumo e está disponível para ser usada.

Fonte: Cetesb. Águas subterrâneas. Disponível em: https://cetesb.sp.gov.br/aguas-subterraneas/. Acesso em: 9 maio 2020.

 SAIBA MAIS

A escassez de água é uma realidade em muitas partes do mundo. Na região do semiárido brasileiro, que ocorre em alguns estados do Nordeste, há secas prolongadas. Um recurso utilizado para solucionar esse problema é a construção de cisternas.

Pessoa retirando água de cisterna.

As cisternas são tanques, de cimento ou de plástico, que armazenam água da chuva. Como são grandes, conseguem garantir o fornecimento hídrico por um período de tempo.

Origem da água que usamos

A água que os seres humanos usam vem principalmente de rios e lagos, como ocorre no Brasil. Para que esses mananciais mantenham sua capacidade de fornecer água, é preciso que não haja desmatamento em suas margens.

Há também casos em que o degelo dos picos nevados é fonte de água para a população, como ocorre nas cidades à beira dos Alpes, na Europa, ou da Cordilheira dos Andes, na América do Sul.

GLOSSÁRIO

Manancial: fonte de água doce utilizada para consumo humano ou desenvolvimento de atividades econômicas.

O Reservatório da Cantareira abastece uma ampla região da cidade de São Paulo. Suas águas vêm de rios próximos.

O Rio Maipo, no Chile, forma-se do degelo da Cordilheira dos Andes. Ele é responsável pelo abastecimento de 70% das casas da capital do país, Santiago.

As águas subterrâneas são aquelas que se infiltram no solo e ficam armazenadas entre as rochas formando aquíferos. Veja o esquema ao lado.

Embora o Brasil seja muito rico nesse tipo de reserva, ela não está facilmente disponível. Além disso, os aquíferos vêm sendo ameaçados pela contaminação do solo, que acaba contaminando a água.

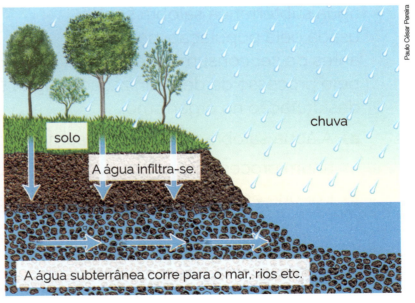

ATIVIDADES

1 Como se chama e onde se encontra a água própria para consumo?

_____

_____

2 O gráfico ao lado mostra a quantidade total de água do planeta e o percentual de água doce em estado líquido.

- Crie uma legenda de acordo com o título e pinte o gráfico.

3 Analise a fotografia ao lado, leia o texto e responda às questões.

Água salobra é a que contém menos sais do que a água salgada, porém mais sais que a água doce. No Nordeste, por exemplo, existe água subterrânea salobra sendo usada pela população; porém, antes de ser consumida, ela passa pelo processo de dessalinização. A água salobra, se ingerida, causa desidratação no organismo.

Unidade dessalinizadora de água em Malhada de Pedras, Bahia.

a) A água salobra pode ser consumida pelas pessoas sem passar por nenhum processo? _____

b) Por que esse tipo de água precisa ser dessalinizada?

_____

_____

BRINCANDO DE CIENTISTA

Este experimento visa demonstrar de maneira prática a importância da mata ciliar, ou seja, a que fica às margens do rio, para evitar a erosão do solo e o assoreamento dos rios.

Material:
- 6 garrafas PET de 2 litros;
- terra;
- grama viva;
- serapilheira (folhas secas, gravetos);
- barbante.

Montagem do experimento.

Modo de fazer

1. Corte três garrafas longitudinalmente, preservando o fundo e a tampa.
2. Na primeira garrafa, adicione solo e cubra com a grama simulando a cobertura vegetal de uma mata ciliar.
3. Em outra garrafa, coloque terra e cobertura de serapilheira.
4. Na terceira, adicione apenas terra.
5. Corte o fundo das outras três garrafas PET. As bases podem ser usadas para dar inclinação às outras garrafas.
6. A parte restante das últimas três garrafas será usada como coletor de água. Deixe as partes com tampa; faça dois furos na borda da parte cortada, em lados opostos. Passe um pedaço de barbante de cada lado, como se fosse a alça de um balde. Depois, prenda cada uma dessas garrafas a cada garrafa cortada longitudinalmente.
7. Despeje a mesma quantidade de água em cada uma das garrafas cortadas longitudinalmente. Verifique a coloração e a quantidade de detritos em cada uma das garrafas utilizadas como coletoras de água.
8. Discutam os resultados, destacando a importância das matas ciliares para a diminuição do impacto da enxurrada no solo.

PEQUENO CIDADÃO

Hora de beber água

A água é fundamental para a sobrevivência de todos os seres vivos, inclusive os seres humanos. Afinal, grande parcela do corpo de uma pessoa é composta de água, cerca de 70%.

A água faz parte da composição do sangue, da saliva, da lágrima e de outros líquidos do corpo. Ela mantém os tecidos sempre úmidos, preenchendo nossas células para que elas possam receber nutrientes e eliminar resíduos. A sede nos avisa que o corpo está desidratado, ou seja, precisa de água. Mas não é recomendável chegar a esse ponto; beba água sempre.

Veja o mecanismo da sede.

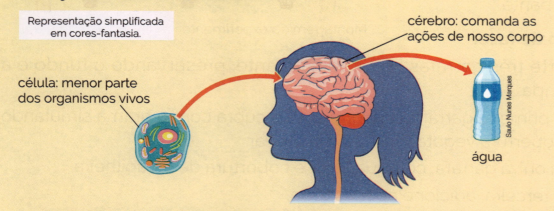

Representação simplificada em cores-fantasia.

célula: menor parte dos organismos vivos

cérebro: comanda as ações de nosso corpo

água

O caminho da sede. As células interagem com o organismo e por meio de sinais avisam o cérebro de que estão precisando de água. O cérebro, então, ativa mecanismos que fazem a boca ter a sensação de estar seca, indicando que você deve beber água.

No idosos, por conta do envelhecimento, o circuito do esquema fica prejudicado e eles podem não sentir sede. Por esse motivo, podem ter infecção urinária, aumento dos batimentos cardíacos, entre outros problemas.

Portanto, se você convive com algum idoso, ofereça-lhe água sempre!

Os idosos também precisam beber água.

1 De acordo com o texto, por que é necessário observar se os idosos estão bebendo água?

Estados físicos da água

De acordo com a temperatura do ambiente, a água muda de estado físico. Esses estados são: sólido, líquido e gasoso.

As mudanças de estado físico recebem denominações específicas: vaporização, condensação, solidificação e fusão.

Vaporização – Quando a temperatura se eleva, a água pode passar do estado líquido para o de vapor, com características de um gás. Por esse motivo dizemos que está em estado gasoso.

Condensação – Também chamada de liquefação, corresponde à passagem da água do estado gasoso para o estado líquido. Nesse processo, formam-se as nuvens, que são minúsculas gotículas que passaram do estado gasoso para o líquido, quando o vapor que subiu ao céu se resfriou.

Solidificação – A água passa do estado líquido para o estado sólido quando é resfriada a 0 °C (zero grau Celsius).

Fusão – É a passagem da água do estado sólido para o estado líquido. O gelo que derrete ao ser retirado da geladeira, por exemplo, passa por fusão.

O vapor de água, ao entrar em contato com o ar (que está mais frio), volta para o estado líquido, no processo chamado condensação, formando essa nuvenzinha logo acima da panela.

 SAIBA MAIS

Toda matéria do planeta, de acordo com as condições ambientais, encontra-se em determinado estado físico. As rochas no solo, o gás oxigênio que respiramos, o mel que passamos no pão são exemplos de materiais nos três estados: sólido, gasoso e líquido.

Muitos desses materiais também mudam de estado. Uma barra sólida de manteiga, por exemplo, se for aquecida passa por fusão e fica no estado líquido.

A manteiga, quando está em locais de temperatura baixa ou resfriada na geladeira, está em estado sólido. Mas, se for aquecida, passa para o estado líquido.

Outras propriedades da água

A água é uma substância que apresenta, além da mudança de estados físicos, outras propriedades bastante interessantes. Vamos conhecer algumas.

- **Pressão**: imagine que você está em uma piscina e quer pegar seu relógio que caiu no fundo. Enquanto mergulha, a quantidade de água acima de você aumentará, não é mesmo? Essa quantidade chama-se coluna de água, e exerce uma pressão. Quanto maior o volume de água acima de um corpo, maior a pressão que ela exerce sobre ele.

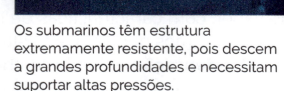

Os submarinos têm estrutura extremamente resistente, pois descem a grandes profundidades e necessitam suportar altas pressões.

- **Tensão superficial**: você já viu uma mosca pousada na água? Não é só porque é bastante leve que ela consegue isso, mas também por conta da tensão superficial da água, que apresenta certa resistência em sua superfície, como uma fina película. Por essa razão ela é capaz de sustentar pequenos objetos ou até mesmo seres vivos.

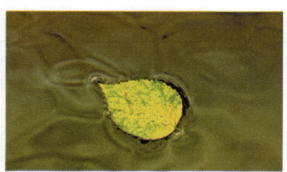

A folha não afunda devido à tensão superficial da água.

! SAIBA MAIS

Molécula da água

Você já se perguntou do que o metal, o tijolo, o tecido, o plástico e a água são formados?

Todos os materiais são formados por **átomos**. Quando vários átomos se juntam, formam moléculas. Os átomos e as moléculas não podem ser vistos a olho nu.

A água é formada por dois átomos de **hidrogênio (H)** e um de **oxigênio (O)**. Quando eles se juntam, formam a molécula da **água**, cujo símbolo é H_2O.

ATIVIDADES

1 Na imagem abaixo, escreva o nome das mudanças de estado físico da água.

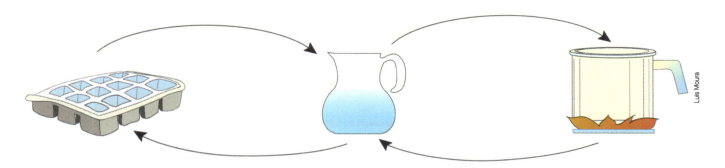

2 Escreva qual mudança de estado físico da água corresponde a cada caso.

a) Seu pai lavou roupas e as estendeu no varal para secarem: _____.

b) Você esqueceu um pote de sorvete fora da geladeira em um dia quente e só lembrou horas depois: _____.

c) Quando abri a panela que estava no fogo com água fervendo, vi que sua tampa ficou cheia de gotinhas de água: _____.

d) João e sua irmã inventaram de fazer picolé caseiro. Colocaram suco de uva em forminhas no congelador: _____.

3 A imagem abaixo representa uma propriedade da água. Escreva uma legenda para ela que mencione a propriedade correspondente.

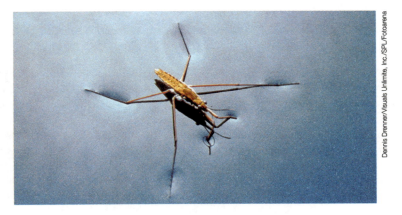

_____

O ciclo da água

A quantidade de água na Terra não aumenta nem diminui. Mas ela se movimenta continuamente na natureza, até mesmo mudando de estado físico – ora pode estar em uma geleira (estado sólido), ora pode estar em um lago (estado líquido), ora pode estar na atmosfera (estado gasoso).

Esse movimento constante da água no planeta em seus três estados físicos gera o que chamamos de **ciclo da água**.

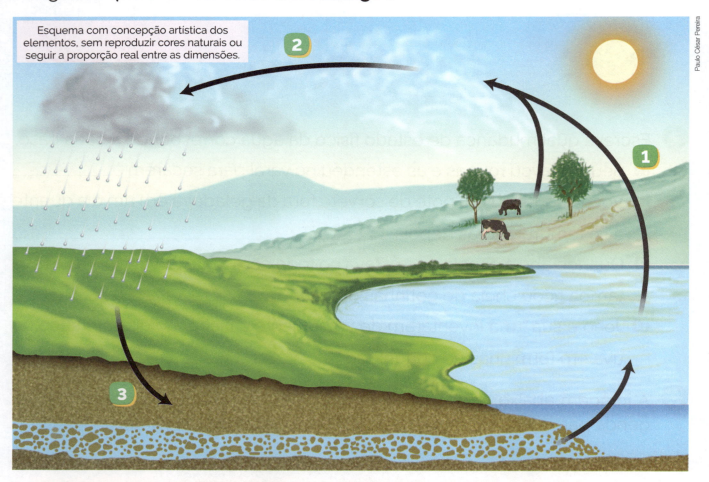

Esquema com concepção artística dos elementos, sem reproduzir cores naturais ou seguir a proporção real entre as dimensões.

1. Uma das principais formas de movimento da água ocorre pela evaporação nos corpos de água, como rios, lagos, mares e oceanos. Também ocorre evaporação e transpiração dos seres vivos, como animais e plantas. Essa mudança do estado líquido para o estado de vapor de água ocorre principalmente pela ação do calor e dos ventos.
2. Os vapores de água se elevam e, quando entram nas camadas mais altas e mais frias da atmosfera, resfriam-se. Esse resfriamento faz com que a água volte ao estado líquido, em forma de gotas muito pequenas, compondo as nuvens, que também podem ser formadas de minúsculos cristais de gelo. É das gotículas e dos cristais de gelo que se formam a chuva, o granizo e a neve que caem do céu.
3. Uma parte da água que cai no solo torna a evaporar; outra parte corre para os rios e os mares. Ao atingir um solo permeável, a água penetra nele. No subsolo, pode se acumular nos chamados lençóis de água subterrâneos.

BRINCANDO DE CIENTISTA

Observando o ciclo da água

Vamos fazer uma demonstração do ciclo da água?

Material:
- 1 fôrma com gelo;
- 1 pote de vidro com tampa de metal;
- água;
- fita adesiva;
- caneta para retroprojetor.

Modo de fazer

1. Coloque água na fôrma de gelo, leve ao congelador e deixe que se solidifique. Depois, coloque os cubos de gelo no pote de vidro. Feche-o e vede-o bem com fita adesiva.
2. Espere derreter e marque no pote, com a caneta para retroprojetor, o nível da água.
3. Em seguida, deixe o pote exposto à luz solar por mais de três horas. Após esse período, marque novamente o nível de água.
4. Com o pote ainda quente, coloque cinco cubos de gelo sobre a tampa de metal. Se derreterem muito rapidamente, coloque mais gelo.
5. Observe o que acontece.

Agora, responda no caderno às questões a seguir.

a) Em que condições a etapa 2 ocorre na natureza?

b) Na etapa 3, ao remarcar o pote, o que ocorreu? Justifique o fenômeno.

c) O que ocorreu após os procedimentos da etapa 4? Que fase do ciclo da água o fenômeno verificado representa?

Etapa 1.

Etapa 2.

Etapa 3.

Etapa 4.

Rios voadores

Rios voadores são massas de ar cheias de vapor de água carregadas pelo vento. Eles são formados pela evaporação da água dos oceanos e de outros corpos de água, além da transpiração dos seres vivos, principalmente das árvores de grande porte.

No Brasil, a Floresta Amazônica tem um papel fundamental na formação de rios voadores. A intensa transpiração das árvores e a condensação do vapor intensificam a formação de nuvens sobre a floresta.

Os ventos levam parte das nuvens carregadas de umidade para outras regiões do país, influenciando, então, o clima de parte das regiões Sudeste e Sul por causa das chuvas que provocam.

O desmatamento, portanto, pode afetar tanto o regime de chuvas na região desmatada como em regiões distantes.

Observe, a seguir, como as florestas retiram água do solo e a liberam na atmosfera, influenciando na formação dos rios voadores.

1. As plantas são importantes para a formação de reserva de água, pois suas folhas suavizam o impacto da água no solo. Desse modo, ela infiltra-se sem causar destruição e abastece as reservas subterrâneas.

Esquema com concepção artística dos elementos, sem reproduzir cores naturais ou seguir a proporção real entre as dimensões.

2. As plantas podem retirar água armazenada no solo pelas raízes. A água absorvida é liberada pelas folhas em forma de vapor no processo de transpiração. Em regiões de floresta, a taxa de transpiração é alta, o que favorece a formação de nuvens carregadas de umidade.

3. Levadas pelo vento, essas nuvens podem se deslocar para outras regiões, provocando chuvas em áreas urbanas, por exemplo. O deslocamento das nuvens é importante porque possibilita o abastecimento de rios, lagos e reservas subterrâneas de regiões distantes de sua origem.

1 Complete o esquema do ciclo da água indicando as mudanças de estado físico nesse processo. Depois, pinte a ilustração.

evaporação | liquefação | solidificação | transpiração

2 Responda às questões abaixo.

a) Qual é a relação entre os rios voadores e o ciclo da água?

_____

_____

b) Qual é a relação entre o desmatamento e os rios voadores?

_____

_____

c) Como a Floresta Amazônica pode influenciar o regime de chuvas na Região Sudeste do Brasil? Explique com base na formação dos rios voadores.

_____

_____

_____

BRINCANDO

1 Além do fato de a água ser útil de tantas formas e de, principalmente, possibilitar a vida no planeta, ela também proporciona momentos de pura diversão. Quem não gosta de ir à praia, a um rio ou cair na piscina?

Na imagem abaixo, as pessoas estão em um parque aquático. Marque onde as que descem pelos escorregadores irão chegar.

Água e saúde

A água é fundamental para o funcionamento de nosso organismo; porém, se há seres vivos que a contaminam, ela pode nos fazer mal.

O acesso à água de qualidade e a um ambiente seguro são de responsabilidade dos governantes, principalmente as medidas relacionadas ao saneamento básico.

Saneamento básico refere-se ao tratamento da água fornecida às residências, à coleta e ao tratamento de esgoto e à coleta e destinação adequada do lixo.

Infelizmente, muitas cidades brasileiras ainda não contam com esses serviços, o que causa prejuízos a todos.

Em muitas comunidades, a proximidade com o esgoto não tratado leva a população a ter graves problemas de saúde.

 SAIBA MAIS

Saneamento traz saúde, produtividade e renda

É como um efeito dominó: falta de saneamento, problemas de saúde, mais faltas na escola e no trabalho, baixo rendimento, formação comprometida, profissionalização prejudicada, pouca produtividade e baixa renda salarial, e perdas econômicas. [...] É lamentável que as 81 maiores cidades do País descartem 5,9 bilhões de litros diários de esgoto sem tratamento.

Saneamento traz saúde [...]. *In*: Portal Saneamento Básico. [São Paulo], 30 abr. 2014. Disponível em: www.saneamentobasico.com.br/portal/index.php/geral/saneamento-traz-saude-produtividade-e-renda. Acesso em: 16 abr. 2020.

Quando ocorrem enchentes, o esgoto não tratado mistura-se com a água das chuvas. Isso leva à proliferação de doenças. Tailândia, 2019.

Estação de tratamento de água

Para que a água esteja apropriada ao consumo humano, as prefeituras e os governos dos estados devem tratá-la nas estações de tratamento de água, que servem para eliminar sujeiras, substâncias tóxicas e microrganismos causadores de doenças. Veja, a seguir, o esquema de uma dessas estações.

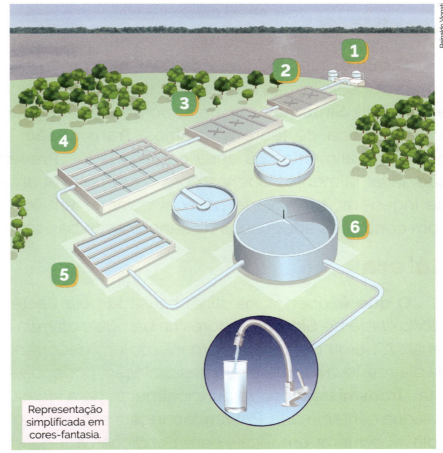

1. A água turva dos rios é retirada por meio de bombeamento. Atravessa uma grade que impede a passagem de impurezas maiores, como pedaços de madeira e plásticos.
2. **Tratamento de desinfecção** – a água recebe cloro, substância que elimina microrganismos e algas.
3. **Tanque de floculação** – nesse tanque, a água recebe substâncias que juntam as partículas de impurezas misturadas nela, formando pequenos flocos.
4. **Tanque de decantação** – os flocos de impurezas depositam-se no fundo desse tanque.
5. **Filtração** – a água passa por camadas de cascalhos, areia grossa e areia fina, que retêm as partículas de impurezas não retidas nos flocos da etapa anterior. A água recebe flúor, que previne o surgimento de cáries dentárias na população, e uma dose a mais de cloro para garantir sua pureza.
6. **Reservatório de distribuição** – guarda a água tratada que será distribuída à população e às indústrias.

Representação simplificada em cores-fantasia.

A água potável é a água adequada para ser ingerida pelo ser humano. A água tratada, ao sair do reservatório para chegar à nossa casa, passa por diversos canos, podendo receber algumas impurezas.

Por esse motivo, é necessário que ela seja fervida, filtrada ou purificada para ser considerada potável.

Doenças relacionadas à água

Conheça algumas doenças que podem ser transmitidas por bactéria, vírus e parasitas que vivem na água. Preste atenção em como várias das enfermidades citadas podem ser evitadas se forem tomados cuidados com a água utilizada para ingestão, preparo de alimentos, irrigação ou mesmo lazer. Ao mesmo tempo, é preciso que os governantes levem saneamento básico a toda a população.

Amebíase

O que é: infecção causada por um protozoário, a ameba, que se instala no intestino dos seres humanos e fora dele. **Sintomas**: dor no abdome, diarreia aguda acompanhada de febre e calafrios. **Transmissão**: ingestão de alimentos ou água contaminados. **Prevenção**: lavar alimentos apenas com água potável antes de ingeri-los, ter higiene pessoal e morar em locais com condições adequadas de saneamento básico.

Ameba (ampliada c. 2 400 vezes).

Cólera

O que é: doença intestinal causada pela bactéria *Vibrio cholerae*. **Sintomas**: dores na barriga e diarreia intensa. A perda de água do organismo em decorrência da diarreia leva a uma severa desidratação, podendo ser fatal. **Transmissão**: ocorre principalmente pela ingestão de água contaminada. **Prevenção**: ingerir somente água potável e morar em locais com condições adequadas de saneamento básico.

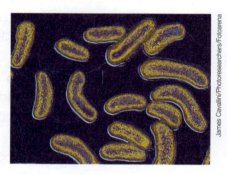

Vibrião da cólera (ampliado c. 1 000 vezes).

Febre tifoide

O que é: doença bacteriana causada pela bactéria salmonela. **Sintomas**: febre alta, dores de cabeça, manchas rosadas no corpo, prisão de ventre ou diarreia e tosse seca. **Transmissão**: contato pessoal, consumo de água e alimentos contaminados. **Prevenção**: lavar e irrigar alimentos apenas com água potável, ter higiene pessoal adequada e morar em locais com condições apropriadas de saneamento básico.

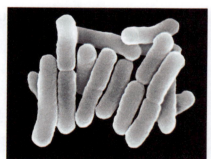

Bactérias do gênero *Salmonella* (ampliadas c. 5 000 vezes).

Esquistossomose

O que é: doença causada pelo parasita esquistossomo. **Sintomas**: coceira, seguida de diarreia, enjoo e aumento do tamanho do fígado, o que faz a barriga inchar. **Transmissão**: a pessoa infectada libera os ovos dos parasitas nas fezes, que são levadas para fontes de água, nas quais as larvas eclodem e se alojam em uma espécie de caramujo. Saem do caramujo e voltam para a água (de um lago, por exemplo) entrando, pela pele, em uma pessoa que esteja nesse lago. **Prevenção**: não entrar em lagos que tenham o caramujo transmissor da doença e morar em locais com condições adequadas de saneamento básico.

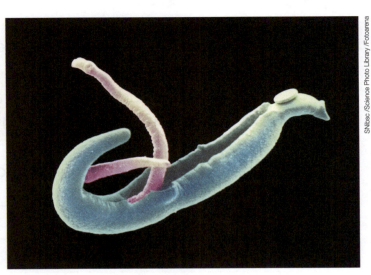

Esquistossomo fêmea envolvida pelo esquistossomo macho, vistos no microscópio (ampliados c. 60 vezes).

Leptospirose

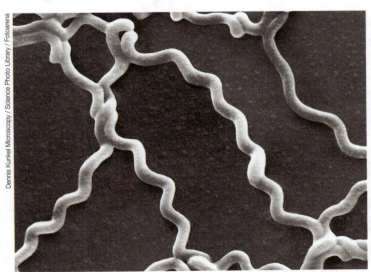

Bactérias do gênero Leptospira (ampliadas cerca de 15 000 vezes).

O que é: doença causada por uma bactéria chamada leptospira, encontrada na urina de animais infectados, principalmente o rato. **Sintomas**: febre, dor de cabeça, dores pelo corpo, sobretudo nas panturrilhas (batata da perna). Nas formas mais graves, a pele e os olhos ficam amarelados e vários órgãos são comprometidos. **Transmissão**: água contaminada; nos centros urbanos ocorre quando há contato com água contaminada em enchentes. **Prevenção**: não entrar em águas de enchentes ou de córregos, combater os ratos transmissores, manter o ambiente limpo, lavar alimentos apenas com água potável antes de ingeri-los e morar em locais com condições adequadas de saneamento básico.

 ATIVIDADES

1. Leia a frase a seguir e responda à questão.

> As pessoas podem consumir água de um rio ou cachoeira sem problemas, desde que a água esteja bem transparente.

- Você concorda com essa afirmação? Explique.

_____

_____

2. As situações a seguir envolvem riscos para a saúde. Ajude os personagens a tomar sua decisão. Depois, em grupo com alguns colegas, justifique suas respostas e ouça com atenção e respeito as justificativas deles.

a) Miguel quer nadar no açude do sítio de seu tio. No entanto, ele viu vários caramujos à beira da água. Em sua opinião, Miguel deve entrar no açude ou não?

b) Uma enchente inundou a casa de Clara e ela perdeu alguns brinquedos, mas outros ainda continuam na casa dela. A menina quer voltar para recuperá-los. A água não subiu muito e cobre apenas seus pés. Você acha que ela deve voltar à casa inundada?

3 De acordo com o que você estudou a respeito de doenças que podem ser transmitidas pela água, escreva textos curtos que indiquem:

a) medidas que as pessoas devem tomar para evitar essas doenças;

_____

_____

_____

_____

b) a principal medida que os governos devem tomar para evitar essas doenças. Explique sua importância.

_____

_____

_____

_____

PESQUISANDO

1 Descubra de onde vem a água que abastece sua cidade.

_____

_____

2 Procure saber se a água que chega à sua residência é tratada. Se for, qual empresa faz o tratamento?

_____

_____

_____

3 Em relação à água que chega pelos canos, qual o procedimento das pessoas de sua casa antes de consumi-la?

_____

_____

BRINCANDO DE CIENTISTA

O que ocorre nas etapas de tratamento da água?

Material:

- 1 peneira de chá;
- 2 copos de vidro ou de plástico transparentes;
- porção de terra dissolvida em um copo com água;
- 1 garrafa PET de 1,5 L cortada ao meio;
- algodão;
- areia fina;
- areia grossa;
- cascalho.

Modo de fazer

1. Monte um funil com a parte do gargalo da garrafa virada para baixo. Insira na primeira camada o algodão, em seguida a areia fina, depois a areia grossa e, por último, o cascalho.
2. Peneire a água com terra, transferindo-a para um copo. Deixe em repouso por cerca de 10 minutos e observe.
3. Coloque um copo embaixo do filtro, deixando o gargalo cerca de 3 cm distante do fundo do copo.
4. Despeje cuidadosamente a água que estava em repouso na parte superior do filtro, sem deixar cair os resíduos que ficaram no fundo do copo.
5. Observe a água filtrada.

A água que estava em repouso deve ser despejada com cuidado.

Agora, responda às questões a seguir.

a) Qual era o aspecto da água antes de ser filtrada?
b) Qual é o aspecto da água após a filtração?
c) Após a filtragem, a água está pronta para ser consumida? Explique.
d) Em uma estação de tratamento, o que a água receberia para eliminar os microrganismos causadores de doenças?

BRINCANDO

1 Vamos ler esta linda poesia e relembrar o ciclo da água?

Salve-me, sou água

Sou água caindo nas matas
Brincando nas ruas
Virando cascata

Sou água descendo a serra
Adornando a colina
Entrando na terra

Sou água escorrendo dos montes
Enchendo os rios
Jorrando nas fontes

Sou água salgada
Nas praias, nos mares

Sou água doce
Nos rios, nos lares

Sou água que gera energia,
Vida, saúde e alegria

Sou, hoje, água triste
Descendo o morro
Escondida na calha
Pedindo socorro

Salvem-me!

Alaíde Santos.

UNIDADE 3 - O AR

Ele está em toda parte

O ar é invisível e está ao seu redor, mesmo que você não possa enxergá-lo. Não é possível pegá-lo com a mão, mas você pode senti-lo. Ele possibilita o voo dos insetos e das aves, conduz os barcos a vela pelo mar, faz subir os balões e pode ser utilizado para gerar eletricidade nas usinas eólicas.

E tem mais. Sem o ar você ficaria sem oxigênio para respirar, não teria o azul do céu, não existiriam as ondas do mar.

Observe algumas situações em que é possível perceber o ar na imagem a seguir.

O ar forma a atmosfera da Terra e contém o gás oxigênio que respiramos; seu movimento impulsiona as hélices dos aerogeradores das usinas eólicas, que transforma a energia do vento em energia elétrica.

Composição do ar

A atmosfera é a camada de ar que envolve a Terra. O ar, por sua vez, é uma mistura de diferentes **gases**.

Observe abaixo a proporção dos gases na atmosfera.

Dentre os gases que compõem o ar, os mais conhecidos são **nitrogênio**, **oxigênio** e **gás carbônico**. Esses três gases são inodoros (sem cheiro), incolores (sem cor) e insípidos (sem gosto).

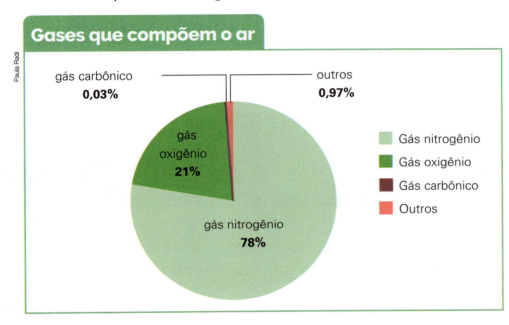

Fonte: Composição da Terra. *In*: USP. Instituto de Astronomia, Geofísica e Ciências Atmosféricas. São Paulo, 1998. Disponível em: https://www.iag.usp.br/siae98/atmosfera/composicao.htm. Acesso em: 11 maio 2020.

Gás nitrogênio

O gás que está presente no ar em maior quantidade, compondo cerca de 78% do total, é o nitrogênio.

Ele não é utilizado na respiração ou na fotossíntese de seres vivos, mas pode ser aproveitado por microrganismos, que o transformam em nutrientes. Esses nutrientes são absorvidos pelas raízes de alguns tipos de plantas e por animais. Muitos nutrientes importantes de nossa alimentação são formados por nitrogênio.

Algumas plantas, como a soja, contêm em suas raízes microrganismos que são capazes de transformar o nitrogênio do ar em nutrientes.

Gás oxigênio

O gás oxigênio compõe cerca de 21% do ar atmosférico. Ele é essencial para a maioria dos seres vivos porque é usado no processo da respiração. Organismos aquáticos, como os peixes, também utilizam o oxigênio que está dissolvido na água.

Mergulhador utiliza cilindro de gás oxigênio para respirar embaixo da água.

Esse gás é essencial para a combustão, ou seja, a queima. Qualquer matéria inflamável somente se incendeia na presença de ar, pois ele contém gás oxigênio.

O oxigênio é produzido principalmente por fotossíntese, processo realizado por plantas, algas e algumas bactérias.

Gás carbônico

Apesar de o gás carbônico compor apenas 0,03% do ar atmosférico, ele é muito importante para as plantas. Por meio da fotossíntese, elas utilizam esse gás para produzir o próprio alimento. Nesse processo, absorvem gás carbônico e liberam gás oxigênio.

O gás carbônico é produzido durante a respiração dos seres vivos, incluindo as plantas, e no processo de combustão.

Esse gás também é utilizado na fabricação de bebidas. As pequenas bolhas do refrigerante ou da água mineral com gás são formadas com gás carbônico.

O gás carbônico é utilizado na fabricação de água com gás e faz as bolhas que vemos na bebida.

Outros gases

Outros gases também compõem o ar atmosférico, porém em quantidades muito pequenas – por exemplo, vapor de água e gás hélio (usado em balões de festa).

Dispersas na atmosfera, também são encontradas partículas sólidas, compostas de microrganismos e fuligem.

O gás hélio é muito usado para encher balões de festa.

 **ATIVIDADES**

1 Escreva o nome do gás descrito em cada frase.

a) É o gás que compõe as bolhas dos refrigerantes ou água gasosa.

_____

b) É o principal constituinte do ar, correspondendo a 78% de sua composição.

_____

c) É essencial no processo de combustão.

_____

d) Gás utilizado para fazer balões de festa flutuarem.

_____

2 No esquema abaixo, observe as cores das setas e preencha as legendas com o nome do gás correspondente.

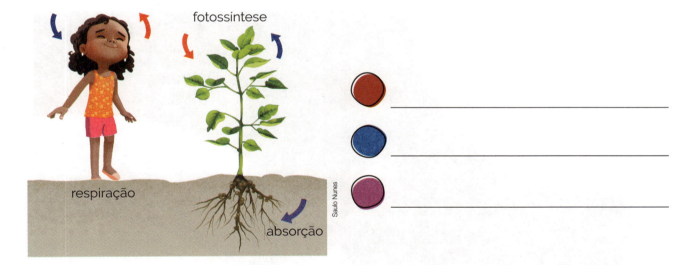

PESQUISANDO

1 Nem todos os seres vivos necessitam de oxigênio para sobreviver. Os seres que vivem sem oxigênio são chamados de anaeróbios. Pesquise na internet algumas curiosidades sobre seres anaeróbios e descubra a importância deles para o ambiente.

Atmosfera terrestre

Aprendemos que a atmosfera terrestre é a camada de ar que envolve nosso planeta. Ela é muito importante para a manutenção da vida. A concentração de ar na atmosfera varia: é maior na camada próxima à crosta terrestre e menor conforme se distancia dela – ou seja, o ar vai se tornando rarefeito.

Vamos ver a seguir algumas características da atmosfera terrestre.

Camada de ozônio

Além dos gases que já estudamos, há na atmosfera uma camada formada por **gás ozônio**. A camada de ozônio funciona como um escudo protetor contra os invisíveis **raios ultravioleta**.

Os raios ultravioleta estão na luz emitida pelo Sol. Entretanto, se esse tipo de radiação for excessiva, torna-se prejudicial à saúde dos animais e das plantas. Esses raios podem causar doenças graves nos seres humanos, como câncer de pele. A camada de ozônio absorve grande parte deles e nos protege de seus efeitos nocivos.

A proporção entre as dimensões dos astros representados, a distância entre eles e as cores utilizadas não correspondem aos dados reais.

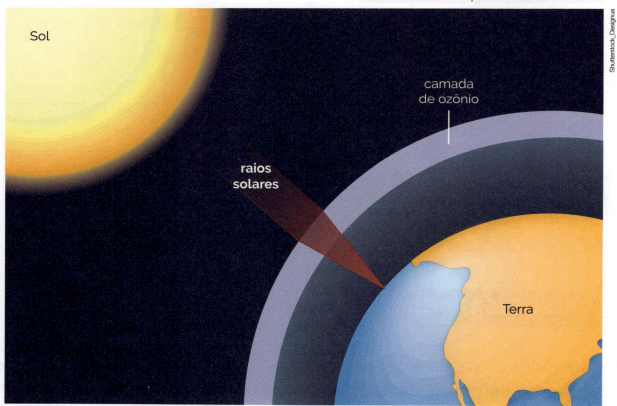

Representação parcial do Sol e da Terra, com sua atmosfera. A camada de ozônio absorve parte dos raios ultravioleta do Sol que chegam à Terra.

Efeito estufa

Outra característica da atmosfera terrestre é sua capacidade de reter o calor do Sol. Esse fenômeno natural é chamado de efeito estufa.

A temperatura da Terra possibilita a vida como nós a conhecemos. Alguns lugares são bem quentes e, outros, bem frios. No entanto, a média da temperatura global é de 15 °C (graus Celsius). Sem a atmosfera, nosso planeta seria um lugar muito frio durante as noites e muito quente durante os dias.

O efeito estufa ocorre por causa dos gases presentes na atmosfera, que evitam a perda de calor, principalmente o gás carbônico. Os gases formam uma camada, espécie de barreira, que retém o calor. Isso acontece de maneira semelhante ao vidro em uma estufa de plantas: os raios solares entram através do vidro, mas o calor fica retido – por essa razão o fenômeno recebe esse nome.

A proporção entre as dimensões dos astros representados, a distância entre eles e as cores utilizadas não correspondem aos dados reais.

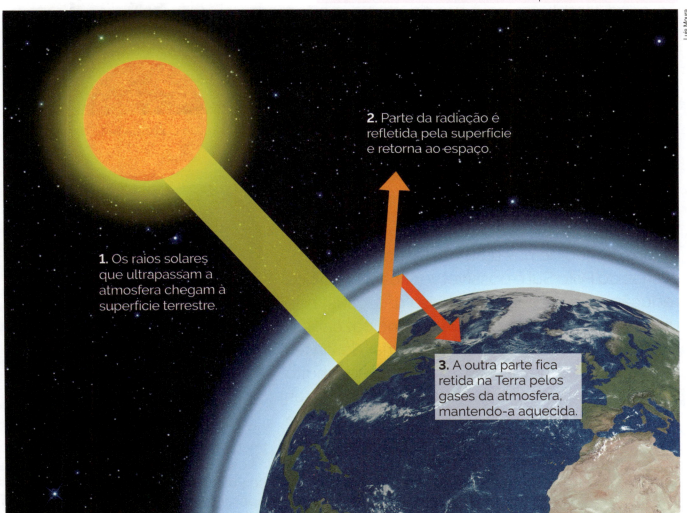

Representação esquemática do efeito estufa.

Poluição atmosférica

Um dos principais impactos da atividade humana no ambiente é a poluição atmosférica. Ela muda a composição do ar pela contaminação por certos gases e impurezas. A poluição afeta a saúde humana, causando problemas respiratórios, alergias e infecções. Ela também afeta o ambiente comprometendo o desenvolvimento de plantas e animais. **Chuva ácida**, **destruição da camada de ozônio** e **aquecimento global** são algumas consequências da poluição atmosférica.

Chuva ácida

Ocorre em áreas nas quais o ar está poluído por substâncias tóxicas. As substâncias presentes no ar se dissolvem na água da chuva e a tornam mais ácida. Por esse motivo, esse tipo de chuva é bastante comum em regiões industrializadas. Ela causa danos diretos à saúde dos seres vivos, como destruição da vegetação, e pode danificar monumentos e prédios.

Estátua corroída pela chuva ácida.

Destruição da camada de ozônio

A camada de ozônio que protege o planeta tem diminuído nas últimas décadas. Em fotografias do Polo Sul é possível verificar uma nítida redução na concentração desse gás, causando um buraco. Acredita-se que o principal causador dessa redução é o uso industrial de gases clorofluorcarbonetos (CFCs), que foram muito usados na fabricação de *sprays* e nos motores de geladeira. Depois de muitas campanhas, o uso desses gases vem se reduzindo a cada ano; no entanto, a camada de ozônio pode demorar séculos para se recuperar, porque os clorofluorcarbonetos (CFCs) permanecem ativos na atmosfera por cerca de 80 a 100 anos.

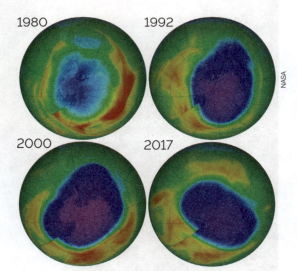

Imagem de satélite mostra o buraco na camada de ozônio (em azul) no Polo Sul ao longo de décadas. Apesar da redução no uso de clorofluorcarbonetos (CFCs), os danos causados ainda persistem.

Aquecimento global

Nas últimas décadas, a temperatura do planeta Terra tem se elevado com rapidez. Tudo indica que as principais causas são algumas ações humanas que intensificaram a emissão de gases do efeito estufa. Esse aumento da temperatura é chamado de **aquecimento global**.

Veja a seguir algumas causas desse aquecimento.

- O uso intensivo de combustíveis fósseis em máquinas de fábricas ou em automóveis produz poluentes e grande quantidade de gás carbônico.
- As queimadas em grandes extensões de áreas verdes também geram expressiva quantidade de gás carbônico.
- Criações de gado em larga escala contribuem para o aumento do efeito estufa. Bois, cabras e ovelhas, dentre outros animais, produzem grande quantidade de metano em sua digestão.

O aumento da temperatura do planeta derrete as calotas polares e as geleiras, elevando o nível das águas dos oceanos e lagos. Por essa razão, ilhas e áreas litorâneas tendem a ficar submersas, o que afeta espécies que habitam esses locais. Além de reduzir o hábitat, o aumento da temperatura pode interferir na reprodução de diversos seres vivos.

Cientistas, ambientalistas e políticos de todo o mundo procuram soluções para diminuir os impactos causados pela sociedade em nosso planeta quanto ao aquecimento e poluição da atmosfera.

Com o derretimento das calotas polares, os ursos-polares estão ameaçados por causa da perda de seu hábitat.

Leiam e discutam algumas atitudes:
- usar filtros especiais em chaminés de fábricas e escapamento de carros para reduzir a emissão de poluentes;
- utilizar combustíveis menos poluentes;
- dar preferência a meios de transporte coletivo e bicicleta;
- plantar árvores;
- reduzir o consumo, principalmente de produtos de origem animal.

ATIVIDADES

1 Explique com suas palavras o que é a camada de ozônio e por que ela é importante para a vida no planeta Terra.

_____
_____
_____

2 Indique uma solução para resolver os problemas do aquecimento global e da poluição do ar, de acordo com as indicações na imagem.

_____   _____
_____   _____
_____   _____
_____   _____

_____   _____
_____   _____
_____   _____
_____   _____

Propriedades do ar

O ar tem algumas propriedades próprias dos gases, pelas quais podemos perceber sua presença.

- O **ar ocupa espaço**: apesar de não o vermos, o ar pode ser percebido porque ocupa lugar no espaço. Veja os exemplos abaixo.

Ao encher o pulmão de ar, o tórax se expande.

Ao fechar a ponta da seringa com o dedo, mesmo fazendo muita força, não é possível empurrar o êmbolo, porque o ar ocupa o espaço interno da seringa.

- O **ar não tem forma definida**: ele ocupa todo o espaço do ambiente em que está e toma sua forma, seja um grande salão ou um recipiente fechado, como um pneu ou um balão de festa.

O ar se espalha por todo o espaço do salão.

Ao preencher um pneu vazio com ar, ele toma a forma do pneu.

- O **ar tem peso**: podemos ver isso ao compararmos o peso de dois objetos de mesma massa, um cheio de ar e o outro vazio.

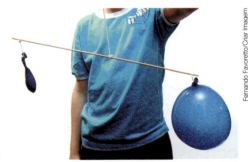

Em um experimento no qual se amarra uma bexiga vazia em cada lado de uma vara, observa-se que o ar contido na bexiga cheia a deixa com maior massa, pois a vareta inclina-se para o lado dela.

Pressão atmosférica

Pressão atmosférica é a força que o ar exerce em qualquer corpo presente na atmosfera, em todas as direções. Essa pressão também é exercida de dentro para fora dos corpos. Isso possibilita um equilíbrio entre as duas forças e a manutenção das formas dos corpos sem que eles se deformem.

Geralmente, o nível do mar é o referencial utilizado para realizar o cálculo da pressão atmosférica.

Em locais de altitude baixa, próximos ao nível do mar, as moléculas de ar das porções mais altas exercem peso sobre as que estão nas porções mais baixas. Elas ficam mais comprimidas e com menor distância entre elas; por esse motivo, a pressão atmosférica é maior. Já em locais de grande altitude, como planaltos e serras, as moléculas do ar estão mais distantes entre si; portanto, a pressão atmosférica é menor. Nesse caso, dizemos que o ar está **rarefeito**.

GLOSSÁRIO

Rarefeito: que é menos denso, ou seja, que tem menos matéria em um mesmo volume.

Representação da ação da pressão atmosférica sobre um corpo e da altura da coluna de ar que gera pressão.

A atmosfera da Terra tem um limite. Nesse caso, a quantidade de moléculas de gases diminui conforme aumenta a altitude, até um ponto em que não há mais gases.

Grande parte dos satélites artificiais estão localizados a uma altitude de mais de 800 km, na qual as partículas do ar exercem pouca pressão sobre os corpos, o que contribui para a manutenção da órbita dos satélites.

BRINCANDO DE CIENTISTA

Verificando a pressão do ar

Material:
- garrafa plástica PET com tampa de rosca;
- prego;
- água;
- tigela.

Modo de fazer

1. Com a ajuda de um adulto, faça um furo no fundo da garrafa PET usando o prego.
2. Encha a tigela com água e coloque o fundo da garrafa furada dentro da água da tigela.
3. Encha a garrafa com água e feche-a com a tampa de rosca.
4. Segure a garrafa pelo gargalo e levante-a sem apertar. Observe o que acontece.
5. Abra a tampa de rosca. Observe o que acontece.

Materiais do experimento.

Etapas do experimento.

Agora, responda em seu caderno:

a) O que aconteceu com a água da garrafa tampada ao levantá-la da tigela?

_____

b) O que aconteceu ao abrir a tampa de rosca?

_____

c) Explique como a pressão do ar atuou na garrafa nas duas situações.

_____
_____
_____

ATIVIDADES

1 Indique a propriedade do ar relacionada a cada situação descrita a seguir.

a) Ao colocarmos uma bexiga cheia de ar em uma balança, o valor indicado será maior do que se a bexiga for pesada vazia.

_____

b) Ao enchermos um boneco de plástico, o ar fica com o formato do boneco.

_____

_____

2 Leia as afirmações a seguir sobre a pressão atmosférica e escreva **V** para as verdadeiras e **F** para as falsas.

☐ Pressão atmosférica é a força que age apenas nos corpos que estão no nível do mar.

☐ A pressão atmosférica atua sobre todos os corpos e em qualquer ponto da atmosfera.

☐ Os fluidos e o ar do interior de nosso corpo exercem pressão de dentro para fora; por esse motivo não somos esmagados pela pressão do ar.

☐ A pressão atmosférica é menor quando as moléculas de ar estão mais próximas umas das outras.

3 Observe a imagem ao lado e identifique, nos espaços indicados, onde há maior e onde há menor pressão atmosférica.

Fenômenos atmosféricos

A área científica que estuda os fenômenos atmosféricos é a **meteorologia**. A análise desses fenômenos possibilita as previsões do tempo, essenciais para a prevenção de catástrofes ambientais e para o planejamento de atividades econômicas e sociais, como a agricultura.

Atualmente, informações sobre as condições atmosféricas são obtidas por satélites, que estão na órbita do planeta, e por estações meteorológicas. Esses equipamentos enviam dados para um centro no qual os computadores processam as informações e geram boletins e mapas com a previsão do tempo.

Os satélites meteorológicos obtêm imagens da atmosfera terrestre vista do espaço.

Formação dos ventos

O ar está sempre se movimentando de um lugar para o outro. Essa movimentação é o deslocamento das massas de ar, que chamamos de **vento**. Ela ocorre porque as massas de ar estão sujeitas a variações de temperatura e pressão.

O principal responsável pelos ventos é o calor do Sol. Quando ele aquece o ar que está mais próximo da superfície da Terra, este se dilata (expande) e sua pressão diminui. O ar aquecido se torna mais leve que o ar frio e se eleva; seu lugar é ocupado, então, pelo ar frio, que desce por ser mais denso. É esse movimento que origina os ventos.

Observação do vento por meio da inclinação da vegetação e dos pelos do cachorro.

Tipos de vento

Representações simplificadas em cores-fantasia.

O vento pode ter diferentes intensidades e nomes. Veja abaixo alguns tipos.

Representação de brisa marítima.

Representação de brisa terrestre.

A **brisa** é um vento suave. Ela sopra do mar para o continente durante o dia, e do continente para o mar durante a noite.

A **ventania** é um deslocamento de ar mais forte que a brisa. Pode destelhar casas, espalhar lixo, derrubar árvores e danificar a rede elétrica.

O **tornado** é uma coluna de ar que gira de forma violenta formando estruturas semelhantes a funis, que se ligam ao solo e a uma nuvem. Podem chegar a 1 quilômetro de diâmetro e ter velocidade de mais de 200 quilômetros por hora. São perigosos e podem causar muita destruição.

O **furacão** se forma por ventos fortíssimos, sempre sobre as águas dos oceanos. Muito maior que o tornado, tem, em média, 500 quilômetros de diâmetro e velocidade entre 160 e mais de 300 quilômetros por hora.

Instrumentos de medição dos ventos

A velocidade e a direção dos ventos são medidas com aparelhos. O **anemômetro** mede a velocidade do vento; já a biruta e o **cata-vento** mostram sua direção.

Anemômetro (à esquerda) e biruta (à direita). Esses aparelhos são utilizados principalmente em estações meteorológicas e em aeroportos.

Umidade e temperatura do ar

É possível avaliar a temperatura do ar, ou seja, se ele está mais quente ou mais frio. A temperatura pode ser medida com um termômetro. Os boletins meteorológicos costumam indicar as temperaturas máxima e mínima previstas para o dia.

Umidade do ar é a quantidade de vapor de água presente na atmosfera. Seu valor não é constante e varia de acordo com a época do ano e a hora do dia. Ela é medida pelo **higrômetro**. O valor máximo de vapor de água disperso no ar é de 4% do total dos gases, o que corresponde a uma umidade relativa de 100%. Assim, se o valor da umidade do ar for, por exemplo, de 50%, isso significa que a quantidade de vapor de água presente na atmosfera é de 2%.

Condições de um boletim meteorológico. Dentro do período indicado, das 7h às 13h, a temperatura mínima prevista é de 15 °C e a máxima é de 17 °C.

No psicrômetro (um tipo de higrômetro), compara-se a temperatura de dois termômetros idênticos, um com o bulbo seco e outro com o bulbo úmido. O termômetro úmido fica mais frio devido à retirada de calor para evaporar a água. Quanto maior a diferença de temperatura entre os dois, mais seco está o ar.

Sensação térmica

Muitas vezes, sentimos o tempo mais frio ou mais quente do que o termômetro mede. Isso ocorre porque nossa atividade física desencadeia a produção de suor. O suor, que está no estado líquido, "rouba" o calor do corpo ao evaporar, e com isso a temperatura corporal diminui.

Em dias quentes e úmidos, mesmo sem praticar exercícios, temos a sensação de sentir mais calor do que em dias quentes e secos. Isso acontece porque o vapor de água do ar retém calor. Além disso, ele impede que o suor do corpo evapore.

PEQUENO CIDADÃO

Cuidado com o ar seco!

Segundo a Organização Mundial da Saúde (OMS), índices de umidade do ar inferiores a 30% são considerados prejudiciais à saúde humana. Apesar da alta umidade também ser prejudicial, os danos causados pela baixa umidade são maiores porque, além de provocar o ressecamento das vias respiratórias, a dispersão dos poluentes é mais difícil.

O ar seco resseca as mucosas do nariz e da boca tornando a pessoa mais vulnerável a complicações alérgicas e respiratórias, além de provocar sangramento nasal. Ele também pode causar ressecamento da pele e irritação dos olhos. Quando em baixas temperaturas, o ar seco provoca a sensação de congelamento nas orelhas e no nariz. Ficamos mais predispostos a gripes e resfriados, especialmente quem sofre de asma.

Para evitar os efeitos do ar seco, em dias de baixa umidade recomenda-se ingerir bastante água, diminuir a prática de exercícios físicos, aplicar manteiga de cacau nos lábios, pingar gotas de soro fisiológico no nariz, usar hidratantes na pele e, em baixas temperaturas, aquecer as orelhas. Em casos mais críticos, deve-se evitar praticar atividades físicas entre 10 e 16 horas, além de não permanecer em locais fechados com muitas pessoas.

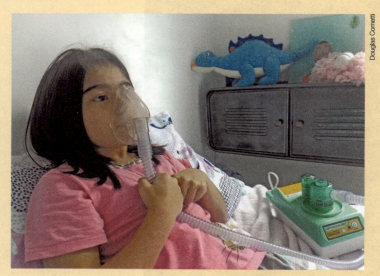

A baixa umidade relativa do ar intensifica problemas respiratórios.

1. Por que o ar muito seco é prejudicial à saúde humana?

2. Como é a umidade relativa média do ar em sua cidade? Forme um grupo com alguns colegas e pesquisem dados sobre a umidade da cidade em diferentes períodos do ano. Avaliem se ela estava adequada ou não à saúde humana.

BRINCANDO DE CIENTISTA

Terrário caseiro

Material:
- Pote grande de vidro com tampa ou aquário com tampa;
- filme plástico;
- elástico;
- areia;
- terra para jardim (húmus);
- carvão vegetal (triturado);
- pedras para aquário ou cascalho;
- água;
- plantas de pequeno porte (musgo, suculentas entre outras);
- sementes.

Modo de fazer

1. Monte o substrato (base) do terrário com aproximadamente um ou dois de cada material formando as seguintes camadas: cascalho; depois, areia; e, finalmente, carvão vegetal triturado.
2. Cubra tudo com uma camada de dois a três centímetros de terra para jardim, mantendo um espaço de pelo menos 10 cm dessa camada até a tampa.
3. Plante as mudas de plantas ou as sementes, deixando espaço entre elas. Depois, umedeça a terra sem encharcar.
4. Cubra a boca do pote com filme plástico e prenda-o com o elástico, vedando bem para não haver entrada de ar.
5. Feche o pote com a tampa sem rasgar o filme.
6. Deixe o terrário em local fresco, mas que receba luz solar.

Está pronto o terrário!

Agora faça o que se pede no caderno.

1. Observe por duas semanas o ambiente interno do terrário e anote as transformações observadas.

2. Pesquise a importância da umidade para a manutenção do terrário.

3. Qual fenômeno natural está relacionado à umidade do terrário?

ATIVIDADES

1) Identifique o ar quente e o ar frio no esquema de formação dos ventos ilustrado a seguir.

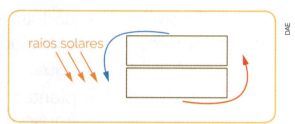

2) Complete o texto.

O vento suave é chamado de _____. As _____ são um pouco mais fortes e podem destelhar casas e arrastar galhos. Quando o vento é muito forte, pode causar catástrofes, como o _____, que forma um tipo de funil ligando o solo a uma nuvem. Já o _____ se forma sobre as águas dos oceanos.

3) Relacione cada equipamento à sua função.

a) anemômetro ⬜ Instrumento que mede a umidade do ar.

b) biruta ⬜ Obtêm informações sobre as condições atmosféricas possibilitando a previsão do tempo.

c) psicrômetro ⬜ Instrumento que mostra a direção do vento.

d) satélites meteorológicos ⬜ Aparelho que mede a velocidade do vento.

4) Leia os termômetros abaixo e diga qual foi a temperatura máxima e a temperatura mínima do dia:

5 Explique por que a diferença menor de temperatura entre os termômetros de bulbo úmido e de bulbo seco significa que a umidade relativa do ar está maior.

_____
_____
_____

6 Por que a sensação térmica de calor é maior depois da chuva?

_____
_____
_____
_____

BRINCANDO

1 Você é um meteorologista que tem de interpretar as informações de um satélite meteorológico para fazer a previsão do tempo de uma região. Responda às perguntas e desembaralhe as letras destacadas de cada resposta para descobrir o resultado!

a) Bebida na qual o gás carbônico é utilizado:

___ ___ [F] ___ ___ ___ ___ ___ [A] ___ ___ ___

b) Radiação parcialmente absorvida pela camada de ozônio:

___ ___ ___ ___ [U] ___ ___ ___ ___ ___ ___ [O] ___ ___ ___

c) Processo em que os seres vivos absorvem o gás oxigênio:

___ ___ ___ ___ ___ ___ ___ [Ã] ___

d) Gás absorvido pelas plantas na fotossíntese:

___ ___ ___ ___ ___ [R] ___ ___ ___ ___ [C] ___

■ Resposta:

☐☐☐☐☐☐☐

UNIDADE 4

O SOLO

Formação e composição do solo

O solo, ou terra, é a camada mais superficial da crosta terrestre; sua formação demora dezenas de milhões de anos.

Ele constitui-se de fragmentos de rochas que sofreram transformações naturais causadas pela chuva, pelo vento, pelo calor e por outros agentes. A ação desses agentes é chamada de **intemperismo**. Veja a seguir as etapas de formação do solo.

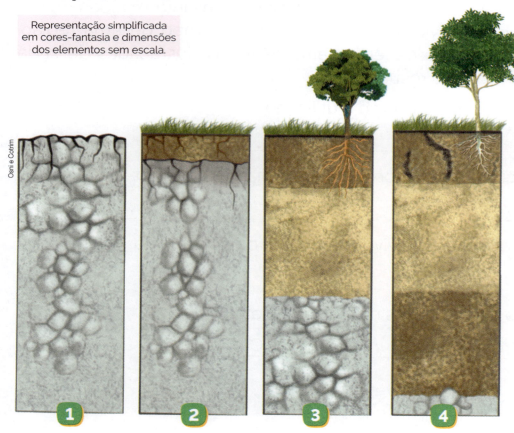

Representação simplificada em cores-fantasia e dimensões dos elementos sem escala.

Osni e Cotrim

1. O calor do Sol aquece as rochas durante o dia. Quando chove, elas sofrem a ação da chuva. Com a noite, elas esfriam. Por conta dessas mudanças, formam-se pequenas rachaduras na rocha.
2. Há também a ação dos ventos, que desgastam a rocha. Com o tempo, microrganismos se instalam, uma fina camada de solo se forma e surgem os primeiros vegetais.
3. Depois, os seres vivos que ocuparam a camada inicial morrem. Eles passam a formar a matéria orgânica, que confere mais nutrientes ao solo e o deixa mais fértil.
4. Aos poucos, o solo está bem estruturado, profundo e com capacidade de manter o crescimento de árvores grandes.

Composição do solo

Na camada mais superficial do solo, rica em matéria orgânica (**húmus**), é onde se encontra mais vida. À medida que as camadas se distanciam da superfície, elas se tornam gradualmente mais pobres em matéria orgânica e mais ricas em minerais. Na camada superficial encontra-se grande diversidade de organismos vivos, como fungos, bactérias, minhocas, formigas e cupins. Além de matéria orgânica, o solo contém água, ar e grãos minerais, como a areia, silte e a argila.

Esses grãos minerais contêm elementos químicos essenciais para as plantas, chamados **macronutrientes**, como nitrogênio, potássio e cálcio, necessários em grandes quantidades, e **micronutrientes**, como cobre, ferro, zinco e cloro, requeridos em menores quantidades.

O solo funciona como uma esponja. Nele, há poros (pequenos buracos) onde se concentram a água e o ar que os seres que vivem em seu interior ou as plantas utilizam.

GLOSSÁRIO

Aeração: situação em que um elemento recebe ar; neste caso, o solo.

Húmus: matéria orgânica depositada no solo.

SAIBA MAIS

Após sucessivas colheitas, o solo utilizado para o plantio pode se tornar carente de sais minerais e de outros nutrientes.

Os agricultores costumam utilizar adubos naturais ou industriais para melhorar a qualidade do solo e garantir uma boa plantação.

Um dos melhores adubos orgânicos que existem é o húmus, produzido pela decomposição dos seres vivos.

As minhocas também participam da formação do húmus de minhoca: elas se alimentam do solo e suas fezes o enriquecem com nutrientes. Ao se locomover, elas misturam o húmus ao solo e abrem túneis para a **aeração**, tornando a terra fofa.

O húmus de minhoca enriquece o solo. Além disso, elas cavam túneis, o que leva água e ar até o solo.

Tipos de solo

Os solos podem ser classificados de diversas maneiras. A mais comum é de acordo com a quantidade de partículas de argila e de areia que cada solo contém.

Solo arenoso: contém quantidade maior de areia do que de outras partículas. É um tipo de solo claro, permeável e poroso. As partículas de areia são relativamente grandes e há muitos espaços entre elas. Assim, a água se infiltra rapidamente e se acumula em camadas mais profundas, tornando-o seco e pobre em nutrientes.

Por esse motivo, a maior parte das plantas não se desenvolve bem nesse solo, mas há aquelas adaptadas a ele, como os coqueiros e os cajueiros.

Solo argiloso: é formado por uma quantidade maior de argila do que outros minerais, como a areia. Pode apresentar diferentes colorações, como vermelha, cinzenta ou branca. É um solo pouco permeável, porque as partículas de argila são muito pequenas e não há muito espaço entre elas, dificultando o escoamento da água. Ao reter água, o solo argiloso forma barro e, na ausência de chuva, pode rachar.

Como esse solo fica muito encharcado quando chove e bastante duro quando está seco, algumas plantas não se desenvolvem bem nele; outras, como o cafeeiro, se adaptam bem a esse meio.

O cajueiro é uma planta que se desenvolve bem em solos arenosos.

Lavoura de café em solo argiloso.

As partículas desse solo são maiores e estão mais afastadas umas das outras, o que o torna muito permeável.

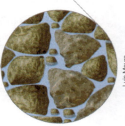

As partículas desse solo estão mais próximas umas das outras, o que o torna pouco permeável.

BRINCANDO DE CIENTISTA

Testando a permeabilidade dos solos

ATENÇÃO!
Faça este experimento com a supervisão de um adulto.

Que tal fazer um experimento simples para verificar qual solo é mais permeável?

Material:
- 2 garrafas de plástico transparente;
- 2 chumaços de algodão;
- 4 copos com água;
- amostras de solos arenoso e argiloso;
- etiquetas e caneta;
- luvas e sacos plásticos reforçados;
- rolo de macarrão.

Modo de fazer

1. Use luvas e sacos plásticos para colher amostras de solo arenoso e argiloso.
2. Deixe as amostras secarem. Em seguida, passe sobre elas um rolo de macarrão para que os torrões se desfaçam.
3. Peça a um adulto que corte as garrafas ao meio.
4. Na ponta (tampa) de cada uma das garrafas cortadas, coloque um chumaço de algodão, formando dois filtros. Encaixe-os na parte de baixo das garrafas cortadas.
5. Encha cada filtro com um tipo de solo e cole uma etiqueta para identificar a amostra.
6. Com a ajuda de um colega, despeje, ao mesmo tempo, dois copos com água em cada um dos filtros.
7. Observe o que ocorrerá.

Paulo César Pereira

Agora, responda às questões no caderno.

a) Em qual das amostras a água levou mais tempo para pingar?

b) Qual delas secou mais rapidamente?

c) De acordo com as observações, qual solo é mais permeável?

1 Quais são os quatro principais componentes do solo?

_____

2 Ordene corretamente as etapas de formação do solo numerando-as na ordem correta.

☐ Depois, as rochas vão se quebrando em pedaços cada vez menores...

☐ Há fragmentos de rochas.

☐ ...até que se formam os pequenos grãos soltos.

☐ Esses fragmentos sofrem transformação em decorrência de chuva, vento, calor e outros agentes.

3 Pinte as camadas do solo na ilustração abaixo. Pinte de vermelho a camada mais rica em matéria orgânica e de azul a que mais se assemelha à rocha-mãe. Em seguida, complete as frases.

Camada com grande quantidade de

_____

Camada com grande quantidade de

_____

4 Identifique se as características a seguir correspondem ao solo arenoso (1) ou ao solo argiloso (2).

- ☐ Contém maior quantidade de areia do que de outras partículas.
- ☐ Contém maior quantidade de argila do que de outras partículas.
- ☐ É pouco permeável.
- ☐ É muito permeável.
- ☐ Pode ter diferentes colorações.
- ☐ Pode apresentar-se muito úmido ou duro.
- ☐ Geralmente é seco e tem poucos nutrientes.

5 Nos quadros a seguir, faça esquemas que mostrem os espaços entre os grãos de areia nos solos arenosos e os grãos de argila nos solos argilosos.

Solo arenoso	Solo argiloso

PESQUISANDO

1 Procure informações sobre os tipos de solo mais comuns na região em que você vive.

Pesquise se são mais permeáveis ou menos permeáveis, se são bons para a agricultura e quais produtos se desenvolvem melhor neles.

Traga o resultado de sua pesquisa em uma folha separada.

As rochas e os minerais do subsolo

A camada que se encontra abaixo do solo é constituída de rochas e denominada subsolo. As grandes rochas que vemos na superfície – que muitas vezes formam montanhas inteiras – são prolongamentos de rochas do subsolo.

As águas dos rios e das chuvas podem penetrar no solo, passar pelas rochas permeáveis (com poros de passagem) e acumular-se no subsolo sobre rochas impermeáveis, que impedem sua passagem. Essas águas formam os aquíferos, reservas de águas subterrâneas que abastecem poços e nascentes de rios. No subsolo também se encontram petróleo e gás. Valiosos, esses três recursos são muito explorados pelos seres humanos, como veremos na próxima unidade.

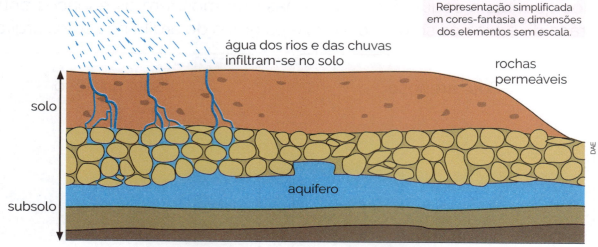

Representação das camadas do solo e do subsolo.

As rochas são formadas por **minerais**, materiais sólidos que ocorrem naturalmente na superfície da Terra. Cada mineral apresenta características próprias, como composição (do que é feito), estrutura (áspera, lisa, com ou sem poros etc.) e propriedades (como cor, dureza e transparência). Minerais de interesse econômico são chamados de minérios; entre eles estão ferro, cobre, ouro, prata, diamante e chumbo.

Minério valioso

O ouro é um metal brilhante e amarelo. Embora seja sólido, é muito maleável para ser usado sozinho, sendo misturado a outros metais para ficar mais duro. É largamente empregado em joias.

Pepita de ouro.

De coloração avermelhada e conhecido desde a Pré-História, o cobre é um dos metais industrialmente mais importantes, por ser bom condutor de eletricidade, sendo usado na produção de fios e cabos.

O ferro é um dos elementos mais abundantes do Universo e o segundo metal mais encontrado na crosta terrestre (o primeiro é o alumínio). Empregado em inúmeras formas pela indústria, o ferro é matéria-prima do aço.

Pedras preciosas

As pedras preciosas são rochas muito raras, formadas por minerais. Elas chamam a atenção por sua beleza, cor e transparência. Alguns exemplos são os diamantes, as esmeraldas, os rubis e as safiras. Geralmente são polidas e então comercializadas, sendo bastante utilizadas em joias. Algumas atingem valores muito altos. Existem também as chamadas pedras semipreciosas, que são compostas de minerais de menor valor, como a ametista.

As **esmeraldas** apresentam coloração esverdeada e são muito valorizadas. Elas podem ser encontradas no Brasil.

Os **rubis** são vermelhos e bastante raros na natureza. São encontrados principalmente na Ásia, na África e na Austrália.

Existem **safiras** de diversas cores, sendo a cor azul a mais valorizada. Muito raras no Brasil, são encontradas em maior quantidade na Índia.

Os **diamantes** são as pedras preciosas mais valiosas, por seu brilho e extrema dureza. É o mineral mais duro que existe, pois risca qualquer outro material, mas não pode ser riscado. Depois de lapidado, o diamante recebe o nome de brilhante. O maior diamante do mundo foi descoberto em 1905, na África do Sul, e denominado Cullinan. Pesava mais de 600 gramas. Foi dividido em pedaços; o maior deles, chamado de Grande Estrela da África, está afixado na coroa da rainha da Inglaterra.

Dinossauros

Os dinossauros são répteis que habitavam a Terra há milhões de anos, antes do surgimento dos seres humanos. Eles compunham um grupo muito variado de animais, podendo ser carnívoros ou herbívoros, atingir cerca de 25 metros ou ser tão pequenos quanto um camundongo.

Esses animais se extinguiram há cerca de 65 milhões de anos. Há várias teorias para explicar esse fato; uma das principais sugere que um meteorito caiu na Terra e provocou uma grande nuvem de poeira que bloqueou a luz do Sol. Sem poder fazer fotossíntese, as plantas morreram; com isso, a disponibilidade de alimento para os dinossauros herbívoros tornou-se muito escassa e eles acabaram morrendo. Isso também ocorreu com os dinossauros carnívoros.

1. O *Tyrannossaurus rex* foi um dos maiores dinossauros carnívoros que já existiu, media cerca de 13 metros de comprimento. Esse predador tinha mais de 50 dentes, cada um deles maior do que a mão humana, e pesava aproximadamente o mesmo que dois elefantes. Suas pernas eram bem fortes, possibilitando que atingisse uma velocidade superior a 40 quilômetros por hora.

2. O braquiossauro era um dos maiores dinossauros do mundo. Ele media cerca de 25 metros de comprimento (equivalente a um edifício de seis andares) e sua pegada tinha mais de 1 metro de largura. Era herbívoro e se alimentava principalmente das folhas do alto das árvores; passava a maior parte do tempo comendo.

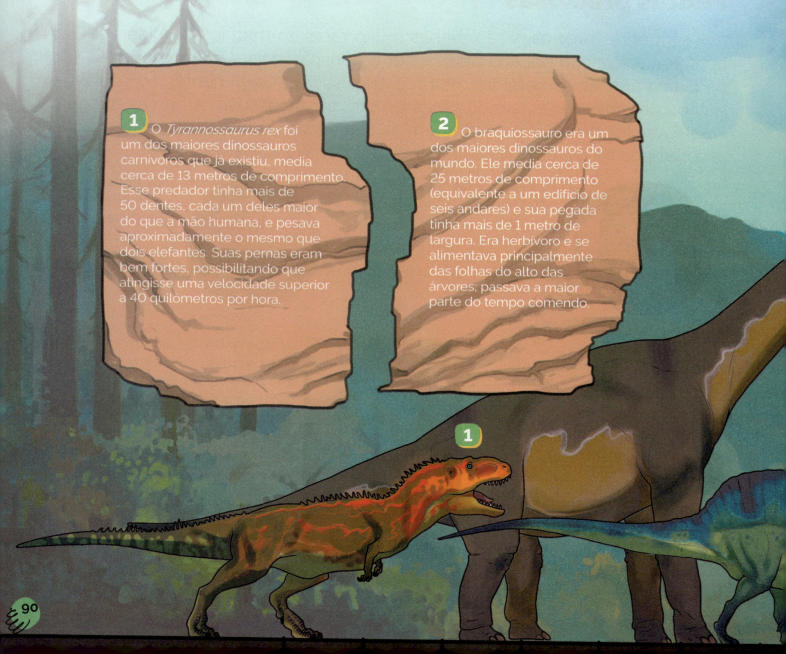

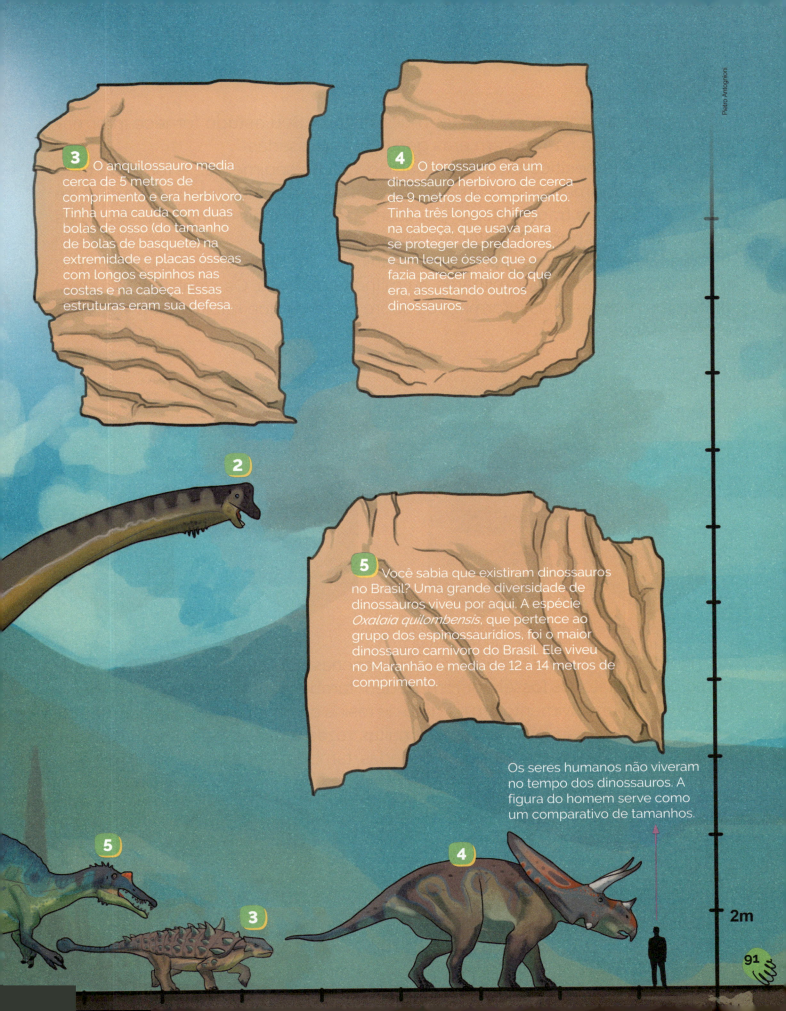

3 O anquilossauro media cerca de 5 metros de comprimento e era herbívoro. Tinha uma cauda com duas bolas de osso (do tamanho de bolas de basquete) na extremidade e placas ósseas com longos espinhos nas costas e na cabeça. Essas estruturas eram sua defesa.

4 O torossauro era um dinossauro herbívoro de cerca de 9 metros de comprimento. Tinha três longos chifres na cabeça, que usava para se proteger de predadores, e um leque ósseo que o fazia parecer maior do que era, assustando outros dinossauros.

5 Você sabia que existiram dinossauros no Brasil? Uma grande diversidade de dinossauros viveu por aqui. A espécie *Oxalaia quilombensis*, que pertence ao grupo dos espinossaurídios, foi o maior dinossauro carnívoro do Brasil. Ele viveu no Maranhão e media de 12 a 14 metros de comprimento.

Os seres humanos não viveram no tempo dos dinossauros. A figura do homem serve como um comparativo de tamanhos.

2m

91

Fósseis

As rochas também podem ter muita história. Seu estudo fornece informações sobre a vida na Terra em eras geológicas passadas.

Um tipo específico de rocha, chamado rocha sedimentar, é formado pelo acúmulo de fragmentos de outras rochas. As camadas mais inferiores suportam um peso maior de fragmentos e, por essa razão, são mais compactas. Algumas dessas camadas podem conter fósseis.

Os fósseis são, em geral, restos de animais ou de plantas conservados em rochas sedimentares por milhares ou milhões de anos. Os cientistas estudam os fósseis para ter mais informações sobre os seres que habitavam a Terra em eras passadas.

1. Quando um animal morre, seu organismo começa a ser decomposto.

2. Para que ocorra a fossilização, esse organismo precisa ser rapidamente coberto por sedimentos, o que evita sua decomposição.

3. Com o passar dos anos, novas camadas de sedimento são adicionadas, enterrando as camadas mais antigas.

4. A erosão expõe o fóssil.

Representação simplificada em cores-fantasia.

Etapas de fossilização de um dinossauro.

Normalmente, a fossilização conserva apenas as partes duras de um animal, como o esqueleto. Os fósseis, porém, podem também ser formados por congelamento ou por envolvimento em um tipo de resina chamado de âmbar – ambos os processos conservam os organismos, muitas vezes, intactos. Vestígios muito antigos deixados por seres vivos, como pegadas, também são considerados fósseis.

Fóssil de réptil antigo.

Mosquito pré-histórico conservado em âmbar.

ATIVIDADES

1 Complete as frases a seguir.

Denominamos de _____ a área abaixo do solo. Nesse local há rochas _____, por onde a água pode passar, e rochas _____. Essas rochas são formadas por _____.

2 Cite cinco minerais que podem ser extraídos do subsolo.

_____

_____

3 Cite o nome de três pedras preciosas.

_____

_____

4 Por que os fósseis são importantes para a ciência?

_____

_____

5 Analise esta imagem de fóssil e responda às questões no caderno.

a) Trata-se do fóssil de um animal ou de um vegetal?

b) O fóssil provavelmente tem 100 anos ou milhares de anos?

c) Ele está conservado em âmbar ou em rocha sedimentar?

Desgaste do solo

Erosão

O vento e a água levam partes do solo de um lugar para o outro, provocando seu desgaste. Esse fenômeno é chamado de erosão.

- **Erosão eólica**: é a erosão causada pelo vento. O vento carrega areia e poeira, desgastando de forma natural as rochas. Outras vezes, arrasta areia para outros lugares, formando dunas.

A Taça, em Ponta Grossa, no Paraná, é um exemplo de rocha erodida pela ação do vento.

A erosão eólica vem há anos carregando as dunas no norte da Jutlândia, na Dinamarca. Nas imagens, observe o farol e os prédios antes, em 1955, e depois de serem engolidos pela areia, em 2019.

- **Erosão hídrica**: é a erosão causada pela ação da água. É denominada erosão pluvial quando é causada pela água da chuva; fluvial, quando é causada pela água dos rios; marinha, quando é causada pela água dos mares; e glacial, quando é causada pela água do degelo das geleiras.

Muitos tipos de erosão podem ser evitados com o plantio de diferentes espécies de plantas nos terrenos desmatados.

Exemplo de erosão hídrica fluvial. Desfiladeiro do Antílope, Arizona, Estados Unidos.

Desmatamento

O desmatamento e a impermeabilização do solo por calçadas e asfalto impedem que as águas das chuvas sejam absorvidas, causando o deslizamento de terra.

Deslizamento de terra causado pela água das enxurradas no Morro Vila Baiana, Guarujá, São Paulo, 2020.

Assoreamento dos rios

O assoreamento ocorre quando a camada superficial do solo é retirada pela água das chuvas e transportada por escoamento aos rios. O acúmulo de sedimentos no fundo torna-os rasos, interferindo em sua drenagem.

Assoreamento do Córrego Santa Rita na cidade de Chapada Gaúcha, Minas Gerais, 2018.

Queimada

Até pouco tempo atrás, a queimada era uma técnica agrícola muito usada. Era utilizada para "limpar" as áreas antes do plantio ou da formação de pastos. Além de causar outros impactos ambientais, a queimada acelera o desgaste do solo, deixando-o pobre em nutrientes, o que causa prejuízos para a agricultura e a pecuária.

Fumaça causada por queimada em plantação de cana-de-açúcar. Martinópolis, São Paulo, 2019. A queimada foi muito usada para "limpar" a palha da cana-de-açúcar antes da colheita.

Poluição do solo

Você já parou para pensar sobre quanto lixo é gerado em sua casa em um dia? E na escola?

Uma enorme quantidade de lixo é produzida pelos seres humanos em todo o planeta. Ao se acumular no solo, em lixões ou em aterros sanitários, os dejetos podem poluir, além do solo, os rios e os lagos, bem como as águas subterrâneas.

Lixão a céu aberto em Casa Nova, Bahia, 2019.

Lixo doméstico

O lixo doméstico é aquele que produzimos todos os dias em nossa casa. Os dejetos que o compõem devem ser recolhidos em sacos plásticos e retirados por equipes de limpeza da prefeitura. O lixo não deve ser enterrado nem queimado, pois há o risco de acidentes e contaminações, sobretudo do solo e da água. Além disso, não se deve jogar lixo diretamente na beira de rios ou no sistema de esgoto.

Comparado ao lixo produzido por grandes indústrias, os problemas com o lixo doméstico podem parecer pequenos, mas essa percepção muda quando tomamos conhecimento de que os aterros sanitários que recebem nosso lixo estão quase todos com a capacidade esgotada. Afinal, são milhares de pessoas produzindo toneladas de lixo todos os dias.

Há três boas alternativas para diminuir a quantidade de lixo: primeiro, **reduzir** o consumo, o que gera menos lixo; segundo, **reutilizar**, ou seja, aproveitar, com diferentes finalidades, alguns materiais que seriam descartados; e terceiro, **reciclar**, transformar um material descartado em outro que seja útil.

As embalagens que apresentam esse símbolo podem ser recicladas.

Lixo tóxico

O lixo pode, muitas vezes, conter substâncias tóxicas, como é o caso de pilhas e baterias.

Esses materiais, quando jogados no lixo comum, acabam indo para aterros sanitários e representam um grave risco ambiental, podendo contaminar o solo e a água subterrânea, o que afeta a fauna e a flora, pois em sua composição há substâncias tóxicas que fazem mal à saúde e ao meio ambiente.

O descarte incorreto de pilhas pode representar risco ao ambiente, pois em sua composição há substâncias tóxicas ao organismo.

Por essa razão, esses objetos devem ser descartados em locais especiais, em programas de coleta seletiva de lixo.

Lixo hospitalar

O lixo hospitalar é outra fonte de resíduos que também deve ter descarte especial. Nesse lixo encontram-se seringas, agulhas, vidros, sondas, curativos etc. que não podem ser despejados em aterros sanitários comuns. Esse lixo representa um grande perigo à saúde, pois pode estar contaminado com microrganismos causadores de doenças. Ele tem de ser recolhido por empresas especializadas e incinerado.

Lixo hospitalar descartado de maneira incorreta. Esse tipo de material deve ser incinerado.

Lixo industrial

O lixo industrial é, entre todos, o que mais preocupa os ambientalistas. Esse tipo de lixo varia de acordo com o material de que é composto, gerando resíduos bem diferentes. Por esse motivo, o tratamento dado a ele deve ser diferenciado. Em alguns casos, o refugo (sobra da produção) pode ser reciclado e usado para a fabricação de outros produtos. Em outras situações, como na indústria química, ele deve ser tratado antes de ser descartado. Quando isso não ocorre e o refugo é incinerado ou jogado em rios, polui o meio ambiente. Isso é, infelizmente, muito comum.

Saneamento básico

Saneamento básico é o conjunto de medidas adotadas para proporcionar um ambiente higiênico e saudável às pessoas, de forma a preservar a qualidade da água, do ar e do solo.

Tratamento do lixo

Lixo é o nome que damos para os resíduos sólidos gerados pelas pessoas. Se não for devidamente coletado e destinado, ele pode poluir o solo, a água e o ar. Veja as principais formas de destinação do lixo.

Lixão

Nos lixões, os resíduos sólidos são depositados diretamente sobre o solo e ficam expostos à ação da chuva, do vento e dos animais. A decomposição a céu aberto nos lixões contamina o ambiente.

Lixão a céu aberto em Batatais, São Paulo, 2017.

Aterro sanitário

Nos aterros sanitários, o solo é impermeabilizado e o lixo não fica exposto. Esse tipo de tratamento é melhor para o ambiente do que o lixão, pois evita a contaminação.

Aterro sanitário em Presidente Prudente, São Paulo, 2019.

Reciclagem e compostagem

Os compostos não orgânicos, como plástico, metal e vidro, podem ser reciclados. Já restos de alimentos podem passar pela compostagem, processo que transforma resíduos orgânicos em adubo natural.

ATIVIDADES

1) O que é saneamento básico? Por que ele é importante?

_____

_____

2) No quadro abaixo, marque com **X** a relação correta entre linha e coluna.

	Lixão	Aterro sanitário	Reciclagem e compostagem
O lixo é acomodado em instalações que impedem a contaminação do ambiente.			
O lixo é depositado em solo não tratado, fica exposto e contamina o ambiente.			
Métodos que reduzem a geração de resíduos sólidos.			

PESQUISANDO

1) Forme um grupo com mais três colegas e pesquisem como funciona o processo de reciclagem. Depois, em uma folha de papel sulfite componha um pequeno painel respondendo:

- onde é feita a reciclagem;
- quem participa do processo (comunidade, trabalhadores e empresas);
- o que pode ser reciclado;
- vantagens (trabalhadores, indústria, ambiente).

BRINCANDO

1 Escreva o nome de cada resíduo abaixo na lixeira indicada. Depois, complete as lixeiras com outros resíduos do dia a dia.

maçã

pote de vidro

garrafa PET

casca de banana

lata de ervilha

lata de refrigerante

garrafa de azeite

coxa de frango

pilha de jornal

O solo e a agricultura

O ser humano começou a cultivar o solo por volta de 7 mil anos antes de Cristo.

Até então, as pessoas apenas caçavam e coletavam vegetais na natureza. A tarefa de cultivar plantas para o próprio sustento revolucionou a história da humanidade, propiciando avanços nas técnicas e o crescimento das populações.

Léon Augustin Lhermitte. *Colheita*, 1874. Óleo sobre tela, 1,22 m × 2,05 m.

O manejo das plantas e do solo tornou-se uma ciência em constante desenvolvimento, e hoje há várias práticas que garantem a produção dos campos. Vamos conhecer algumas.

- **Adubação**: consiste na aplicação de substâncias nutritivas no solo para que fique fértil. É feita com adubos ou fertilizantes, que podem ser orgânicos, como estrume, folhas e frutos em decomposição; ou inorgânicos, como sais minerais já presentes no solo ou preparados pelas indústrias.
- **Aragem**: consiste em afofar e revolver a terra. Esse processo possibilita a entrada de ar no interior do solo, deixando a terra fofa, preparada para o plantio. A aragem pode ser feita com enxadas, pás e arados (puxados por animais ou tratores).

Os adubos químicos são compostos de minerais com os nutrientes necessários ao desenvolvimento das plantas.

Antigamente, o trabalho agrícola dependia da força humana e de outros animais.

Em lugar da força humana ou do uso de animais, a utilização de tratores no início do século XX facilitou muito o trabalho de aragem do solo.

- **Drenagem**: processo de escoamento feito por meio da abertura de valas, do bombeamento ou da colocação de tubos para levar o excesso de água a outros terrenos, rios ou lagos.
- **Irrigação**: processo usado para proporcionar às plantas a quantidade de água de que elas precisam para seu desenvolvimento.

Lavoura irrigada por aspersores.

A irrigação pode ser feita com o desvio da água dos rios, por meio de canais, para que chegue à lavoura por aspersão (sistema de "chuveirinhos") ou por regadores.

 PEQUENO CIDADÃO

Protegendo o solo

Podemos proteger o solo adotando medidas como as mencionadas a seguir.

- Não despejar lixo em locais inapropriados, pois a matéria orgânica deteriorada libera líquidos tóxicos (chorume) que se infiltram, podendo alcançar os lençóis subterrâneos, de onde muitas pessoas retiram água para beber.
- Não realizar queimadas nem derrubar as matas. Essas práticas causam perda de nutrientes e deixam o solo descoberto e exposto à ação do vento e da água, causando erosão.
- Não depositar fezes humanas no solo. Nelas estão presentes microrganismos que causam doenças.
- Evitar uso de inseticidas (agrotóxicos) em excesso nas plantações, pois se acumulam nas plantas e prejudicam nosso organismo. Podem também poluir o solo com agentes químicos nocivos, chegando a atingir fontes de água, por infiltração ou levados pelas chuvas aos rios.
- Produza, com os colegas, um cartaz atrativo alertando a comunidade sobre a necessidade de proteger o solo.

ATIVIDADES

1 Ligue o início das frases a seu complemento.

a) O solo começou a ser cultivado

b) Foi uma revolução na história da humanidade

c) O solo se torna mais fértil com

d) O processo que possibilita o afofamento do solo e a entrada de ar

nele é a aragem.

adubação, seja orgânica, seja com fertilizantes.

cerca de 7 mil anos antes de Cristo.

começarmos a cultivar alguns vegetais.

2 Identifique nos desenhos o tipo de técnica para o cultivo do solo.

A _____

C _____

B _____

D _____

3 Reescreva corretamente as frases a seguir no caderno.

a) É preciso deixar lixo no chão, já que a matéria deteriorada libera líquidos favoráveis ao solo.

b) Queimar a mata é bom porque aumenta a oferta de nutrientes ao solo, além de ser benéfico para combater a erosão.

UNIDADE 5
RECURSOS ENERGÉTICOS

A energia em nossa vida

Você já se deu conta de que muitos de seus aparelhos necessitam de alguma fonte de energia para funcionar? O chuveiro elétrico, o computador, a televisão, o telefone celular, as lâmpadas que iluminam sua casa ou mesmo o fogão, onde é preparada a comida, todos esses equipamentos funcionam movidos por alguma fonte de energia. Observe a cena ao lado. Quais usos da energia você identifica nela? De onde vem essa energia?

Na casa das pessoas há vários aparelhos que necessitam de energia para funcionar.

Fontes de energia ou **recursos energéticos** são componentes do ambiente dos quais obtemos energia, como a luz do Sol e o ar e a água em movimento. Há outras fontes das quais podemos obter energia, como o petróleo e o carvão mineral, e plantas, como a cana-de-açúcar.

A energia não pode ser criada nem destruída. No entanto, ela pode ser transformada. Por exemplo, a energia da água em movimento é convertida em eletricidade nas usinas hidrelétricas. É essa energia que chega na maioria das casas brasileiras.

Fontes de energia

É dos recursos energéticos que obtemos a energia de que precisamos. Esse processo geralmente ocorre em usinas conversoras de energia.

Os recursos energéticos podem ser classificados em renováveis ou não renováveis.

Recursos energéticos renováveis

Recursos energéticos renováveis são fontes de energia abundantes que podem se renovar, regenerar-se. Elas não se esgotam com o uso. Seguem alguns exemplos.

A **energia solar** pode ser transformada em eletricidade ou em calor para o aquecimento de água ou dos ambientes.

A **energia eólica** é a energia do vento. Ele pressiona equipamentos semelhantes a cata-ventos, que passam a girar. Essa energia de movimento é convertida em energia elétrica por meio de geradores.

A **energia geotérmica** vem do calor das regiões profundas do interior da Terra. A temperatura do interior da crosta terrestre eleva-se à medida que a profundidade aumenta. Em alguns locais, as águas subterrâneas são aquecidas pelo calor das rochas e chegam à superfície em fortes jatos de água líquida e vapor. A usina geotérmica usa a pressão desse vapor para girar turbinas e gerar energia elétrica.

Painéis próprios para captação de luz do Sol na usina de energia solar em Boa Vista das Missões, Rio Grande do Sul.

Conjunto de aerogeradores da usina de energia eólica na Praia de Mundaú, Trairi, Ceará.

Usina geotérmica na cidade de Nesjavellir, Islândia.

A **biomassa** é formada por materiais orgânicos, como bagaço da cana-de-açúcar, esterco ou restos de alimentos. A energia nela contida pode ser transformada em energia térmica ou energia elétrica.

Usina de beneficiamento de cana-de-açúcar, em Pirassununga, São Paulo. Na própria usina que produz açúcar e álcool, o bagaço que sobra da cana-de-açúcar é fermentado e gera a energia que alimenta a usina.

A energia do movimento das ondas do mar ou da diferença de altura das marés também pode ser transformada em energia elétrica. Ela é chamada de **energia maremotriz**.

Usina maremotriz em São Gonçalo do Amarante, Ceará.

A usina hidrelétrica, responsável pela maior parte da energia elétrica consumida no Brasil, utiliza a **energia da água em movimento**, considerada um recurso energético renovável, e a transforma em energia elétrica.

No entanto, o consumo de energia desenfreado é causa da necessidade de construção constante de usinas, que interfere no curso dos rios e causa poluição da água.

A usina hidrelétrica de Itaipu é uma das maiores do mundo. Ela foi construída em uma parceria entre Brasil e Paraguai e gera energia elétrica para esses dois países.

Usina hidrelétrica

Nesse tipo de usina, o movimento da queda da água de um reservatório fornece energia para girar turbinas, que, por sua vez, movimentam geradores que produzem energia elétrica.

Essa energia é transmitida para as casas, o comércio e as indústrias por meio de uma rede de fios transmissores de eletricidade.

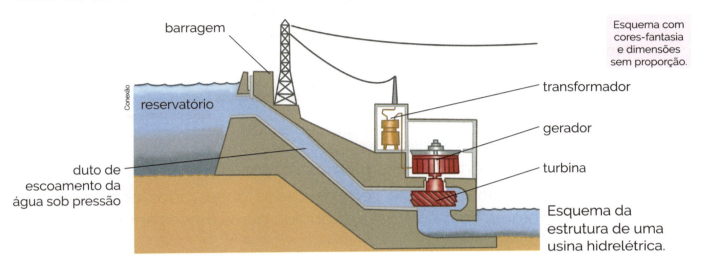

Esquema com cores-fantasia e dimensões sem proporção.

Esquema da estrutura de uma usina hidrelétrica.

> ! **SAIBA MAIS**

Impacto das usinas hidrelétricas

A geração de energia em usinas hidrelétricas utiliza um recurso natural renovável e não poluente, a água. No entanto, a construção de uma hidrelétrica causa grande impacto no ambiente. Florestas e matas são inundadas, o que faz diversos seres vivos perderem seu hábitat. Em algumas situações, cidades também são inundadas e seus habitantes são forçados a se mudar para outros locais, perdendo sua história e cultura.

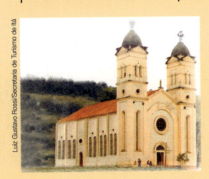 

Antiga cidade de Itá, Santa Catarina, antes (à esquerda) e depois (à direita) da inundação causada pelo represamento do Rio Uruguai, no ano 2000.

BRINCANDO DE CIENTISTA

Analisando a conta de energia

Vamos entender melhor a conta de energia elétrica?

Material:
- lápis e régua;
- conta de energia elétrica.

Modo de fazer

1. Consulte na conta de energia elétrica os seguintes itens: consumo do mês em quilowatt-hora (kWh) e histórico do consumo dos últimos 12 meses.

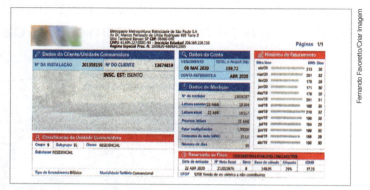

2. Complete a tabela abaixo com os dados observados começando com os valores do mês atual e seguindo pelos meses anteriores em ordem decrescente.

Consumo de energia elétrica durante um ano (kWh)	
Mês	Consumo (kWh)

3. Preencha o gráfico de barras abaixo usando os valores da tabela para ter uma visão mais clara da variação que houve no consumo de energia ao longo de um ano.

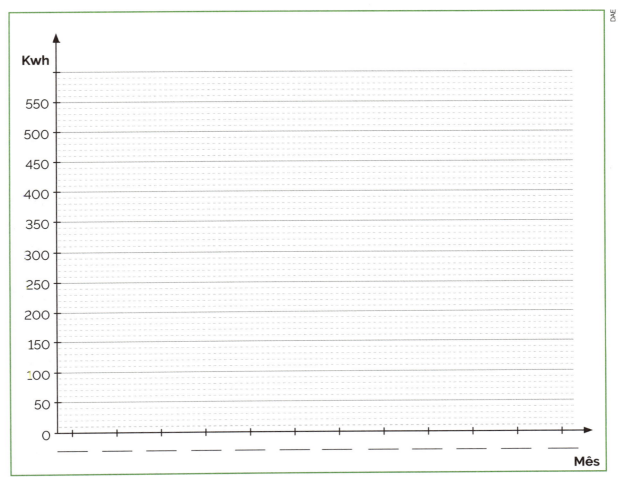

Agora, responda às questões a seguir.

1 Indique os três meses em que os consumos de energia foram os maiores.
_____
_____

2 Qual razão poderia justificar o aumento do consumo nesses meses?
_____
_____
_____

ATIVIDADES

1 Dê exemplos do uso de energia elétrica em seu cotidiano.

_____

_____

2 Relacione as fontes de energia renováveis a suas principais características.

a) energia solar

b) energia eólica

c) energia geotérmica

d) energia maremotriz

e) energia hidrelétrica

☐ É obtida pelo movimento das ondas do mar e das marés.

☐ É obtida pela movimentação da água de um lugar mais alto para outro mais baixo, que move uma turbina.

☐ É obtida pelo vento e captada por cata-ventos com grandes pás.

☐ É a energia da luz do Sol, captada por painéis solares.

☐ Energia do calor do interior da Terra que aquece águas subterrâneas e as transforma em vapor, que, por sua vez, movimenta turbinas, gerando energia elétrica.

3 Escreva **V** nas frases verdadeiras e **F** nas falsas.

a) ☐ Os recursos energéticos renováveis se renovam na natureza e não se esgotam com o uso.

b) ☐ A água é um recurso energético renovável; portanto, pode ser utilizada de maneira desenfreada.

c) ☐ Os recursos energéticos são recursos naturais que usamos para obter energia.

4 Qual é o papel da água em uma usina hidrelétrica?
_____
_____
_____

5 Qual é o papel do vento nas usinas eólicas, também chamadas de "fazendas eólicas"?
_____
_____

6 Mencione uma vantagem e uma desvantagem das usinas hidrelétricas.
_____
_____
_____
_____

7 Qual é o tipo de energia mais utilizada no Brasil?
_____

8 Veja a seguir a descrição de alguns países fictícios. De acordo com as características deles, qual tipo de energia é mais recomendável para abastecer cada país com energia elétrica?

- **País A**: apresenta atividade vulcânica em seu interior, que gera o aquecimento das águas subterrâneas, as quais chegam à superfície em jatos de água fervente e vapor: _____.
- **País B**: a localização geográfica e o clima facilitam a ocorrência de fortes ventos em regiões abertas e planas: _____.
- **País C**: tem grande extensão territorial e muitos rios com elevado volume de água: _____.
- **País D**: localiza-se próximo à Linha do Equador, por esse motivo recebe alta incidência de luz solar durante a maior parte do ano: _____.

Recursos energéticos não renováveis

São considerados **não renováveis** os recursos ou componentes ambientais naturais que não podem ser substituídos porque se esgotam ou demoram milhares de anos para se formar. Exemplos: petróleo, gás natural e carvão mineral.

Combustíveis fósseis

O **petróleo**, o **carvão mineral** e o **gás natural** são combustíveis fósseis. Eles se formaram pela decomposição de seres vivos que foram soterrados há milhares de anos. Esses materiais liberam grande quantidade de energia em sua queima.

A energia dos combustíveis fósseis ainda é muito importante atualmente. A gasolina, combustível que move veículos, por exemplo, é um derivado do petróleo.

Mina de carvão mineral em Criciúma, Santa Catarina.

A queima desses combustíveis gera resíduos que causam graves problemas ambientais, como a poluição na atmosfera. Além disso ela é responsável pelo aumento da emissão de gases do efeito estufa e, consequentemente, pelo aquecimento global.

Além disso, a queima de combustíveis fósseis libera outros gases na atmosfera, que são responsáveis pela destruição da camada de ozônio e pela chuva ácida.

Foto de engarrafamento em Salvador, Bahia, 2019. A gasolina e o óleo diesel são combustíveis fósseis. Os veículos movidos a esses combustíveis emitem gases nocivos à atmosfera.

O petróleo

O petróleo é um líquido viscoso, escuro, oleoso e altamente inflamável (que pega fogo). Ele tem grande valor econômico.

Dele se obtém, em refinarias, a gasolina e o óleo diesel – que é usado como combustível de ônibus e caminhões. Alguns tipos de plásticos e outros produtos, como a parafina e o asfalto, também são feitos dessa substância. Todos esses produtos são chamados de derivados do petróleo.

O petróleo se originou da decomposição parcial de restos de plantas, algas e animais que se acumularam no fundo de lagos e mares durante milhões de anos.

O petróleo é considerado um recurso não renovável, porque leva milhões de anos para ser formado e, portanto, não pode ser reposto na mesma proporção em que é extraído.

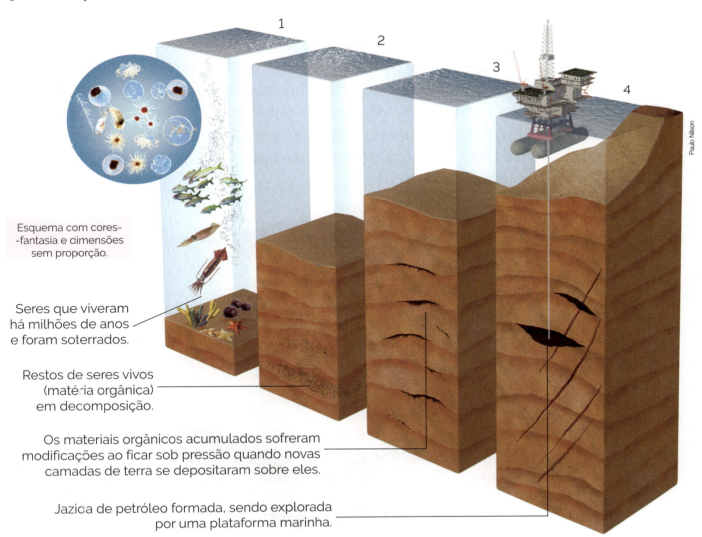

Esquema com cores-fantasia e dimensões sem proporção.

Seres que viveram há milhões de anos e foram soterrados.

Restos de seres vivos (matéria orgânica) em decomposição.

Os materiais orgânicos acumulados sofreram modificações ao ficar sob pressão quando novas camadas de terra se depositaram sobre eles.

Jazida de petróleo formada, sendo explorada por uma plataforma marinha.

Esquema das etapas do processo de formação do petróleo, que leva milhões de anos para ocorrer.

A extração, o transporte e a utilização do petróleo envolvem diversos cuidados, pois ele é um material muito poluente: se vazar pode causar danos ao ambiente e à saúde dos seres vivos.

Ave coberta de petróleo devido ao derramamento ocorrido em Magé, Rio de Janeiro, 2000.

Petróleo no Brasil

No Brasil, a maior parte das reservas de petróleo está em solo marítimo, em profundidades maiores que as reservas de outros países produtores.

Assim, é necessário perfurar o assoalho marinho (fundo do mar) para alcançar o petróleo. Por causa dessa dificuldade, foram desenvolvidas diversas tecnologias e equipamentos, o que tornou o Brasil um dos países mais avançados em técnicas de exploração de petróleo nos mares e em grandes profundidades.

O **pré-sal** é uma camada de rochas do subsolo marinho que contém reserva de petróleo. Ela está localizada em grandes profundidades, sob as águas oceânicas, abaixo de uma espessa camada de sal.

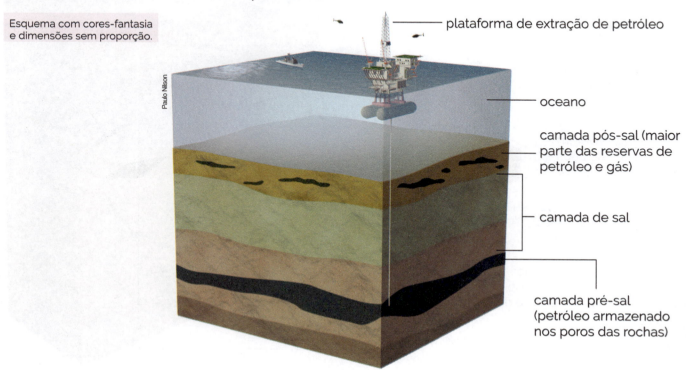

Esquema com cores-fantasia e dimensões sem proporção.

- plataforma de extração de petróleo
- oceano
- camada pós-sal (maior parte das reservas de petróleo e gás)
- camada de sal
- camada pré-sal (petróleo armazenado nos poros das rochas)

Esquema da extração de petróleo na camada pré-sal.

Carvão mineral

O carvão mineral se formou há milhões de anos, quando florestas inteiras foram inundadas. Restos de plantas, como troncos, galhos e raízes, passaram por um processo que os transformaram em minério.

Esse minério tem grande potencial combustível. Uma vez queimado, libera elevada quantidade de energia.

Extração subterrânea de carvão mineral em Criciúma, no estado de Santa Catarina.

O carvão mineral é bastante usado para produzir energia elétrica em usinas termelétricas.

Assim como o petróleo, o uso do carvão mineral tem desvantagens, como a poluição atmosférica causada por sua queima.

Há também problemas sociais relacionados à sua extração. As condições de trabalho em minas subterrâneas, com pouca luz e risco de desabamentos, podem prejudicar a saúde do trabalhador, ou seja, ser insalubres, ou expô-lo a acidentes.

Gás natural

O gás natural é encontrado no subsolo, no mesmo local em que se explora o petróleo. Ele resulta da degradação da matéria orgânica submetida a altas pressões e alta temperatura.

Composto principalmente por metano, o gás natural é um importante combustível utilizado em indústrias, automóveis e residências. É o gás que chega por meio de encanamentos aos fogões das casas.

O gás natural é uma fonte de energia mais limpa do que as fontes derivadas de petróleo, porque sua combustão emite gases menos poluentes.

Gasoduto criado em cooperação entre Brasil e Bolívia, em 1999. O Brasil é o maior comprador do gás natural boliviano, muito importante para abastecer nosso setor energético.

ATIVIDADES

1 O que são recursos energéticos não renováveis?

_____
_____
_____
_____

2 Escreva o nome dos recursos energéticos do quadro que não são renováveis.

> petróleo   lenha   vento   gás natural
> luz do Sol   carvão mineral   água

_____

3 Mencione três combustíveis fósseis e diga as vantagens e desvantagens de usar esse tipo de combustível.

_____
_____
_____
_____
_____

4 Por que o petróleo é considerado um recurso energético não renovável?

_____
_____
_____
_____

5 Ordene, numerando de 1 a 4, as etapas da formação do petróleo.

☐ A matéria orgânica passa por transformações ao ficar exposta a alta pressão e altas temperaturas.

☐ Jazida de petróleo é formada.

☐ Camadas de terra se acumulam sobre a matéria orgânica.

☐ Seres que viviam nos mares há milhões de anos morrem e entram em decomposição, gerando matéria orgânica.

6 Por que o gás natural é considerado uma fonte de energia menos poluente que o petróleo?

_____

7 Observe a tirinha abaixo e responda à questão.

■ Por que é necessário tomar vários cuidados na extração, no transporte e no uso do petróleo?

_____
_____

DEVEMOS ECONOMIZAR ENERGIA!

Por quê?

Para gerar a energia que consumimos, são utilizados recursos energéticos retirados da natureza, até mesmo os recursos não renováveis.
Portanto, quanto maior o consumo de energia, mais desses materiais são retirados do ambiente.

A extração desses recursos, em geral, degrada o ambiente; por isso, quanto maior a quantidade extraída, maiores os prejuízos para a natureza.

Eu que o diga!

Fernando Bueno/Tyba

A escavação das minas destrói ou expulsa as plantas e animais que viviam na área explorada. Os rejeitos químicos resultantes da extração poluem o ambiente.

Denis Ferreira Netto/Futura Press

A extração e o transporte de petróleo podem ocasionar vazamentos que prejudicam os seres vivos porque contaminam os mares e o solo.

A queima de carvão mineral para gerar energia elétrica em usinas termelétricas libera gases que poluem e aquecem a atmosfera. Desse modo, quanto menos carvão for queimado, menos gases nocivos serão emitidos.

Sergei Butorin/Dreamstime.com

A gasolina e o óleo diesel são usados como combustível para veículos. A queima de combustíveis fósseis emite gases que contribuem para aumentar o efeito estufa e, consequentemente, o aquecimento global.

Que calor!

Como?

Que tal trocar o uso do carro por meios de transporte alternativos, como a caminhada, a bicicleta e o transporte público?

Pratique o consumo consciente. Antes de comprar qualquer coisa, reflita se você precisa mesmo daquele produto. Procure reutilizar e reciclar as embalagens dos produtos.

Evite ficar muito tempo com a porta da geladeira aberta.

Use lâmpadas fluorescentes ou de LED, que são mais econômicas, e não as deixe acesas em ambientes que não estejam sendo usados.

Tome banhos mais curtos e desligue a torneira enquanto se ensaboa.

Em horários de pico, evite usar equipamentos de alto consumo, como chuveiro, ferro elétrico, aquecedores e aparelhos de ar-condicionado.

Não deixe equipamentos ligados, como ar-condicionado, ventiladores, TV e rádio, se não houver ninguém no ambiente.

Economizar energia significa zelar pelo meio ambiente, poupando o planeta.

UNIDADE 6
OS SERES VIVOS E OS AMBIENTES

A vida no planeta Terra

A biosfera é o conjunto das partes de nosso planeta em que há vida. Ela compreende regiões da atmosfera (ar), hidrosfera (mares, oceanos, rios, geleiras, lagos) e litosfera (continentes, ilhas), e também é conhecida como crosta terrestre.

Todos os seres vivos, incluindo os humanos, vivem na biosfera. Cada um deles é adaptado a determinado ambiente, ao qual damos o nome de hábitat.

Nesse local, cada ser vivo se relaciona com os componentes não vivos (luz e calor do Sol, água, solo, por exemplo) e com outros seres vivos.

Veja a representação de um ambiente brasileiro, o Pantanal.

Esquema com concepção artística do ambiente, sem observar a proporção real entre as dimensões de seus componentes.

Os seres estão adaptados ao ambiente

Você já reparou que vários animais que vivem na água têm nadadeiras para se locomover, diferentemente dos animais terrestres? E que muitos animais que vivem em regiões frias são cobertos por muitos pelos? Isso ocorre porque os seres vivos estão **adaptados** às condições do ambiente em que vivem.

Quando se diz que um ser vivo é adaptado a um ambiente, significa que ele apresenta características que lhe permitem sobreviver nesse meio.

O pinguim, por exemplo, vive nas regiões geladas do continente antártico, no Polo Sul da Terra. Ele passa a maior parte do tempo na água. Suas asas são atrofiadas – portanto, não servem para voar, mas funcionam como nadadeiras. Como todas as aves, têm penas que secretam um tipo de óleo que as impermeabiliza e ajuda a conservar o corpo aquecido mesmo na água gelada.

As bactérias termófilas são exemplos de seres vivos que vivem em lugares com altas temperaturas. Algumas são encontradas nas fontes de águas quentes, entre 70 °C e 100 °C.

Baleias são mamíferos aquáticos. Suas nadadeiras permitem que se locomovam de maneira eficaz na água.

Os ursos-polares têm pelagem espessa que os protege do frio do Polo Norte, região em que habitam.

Pinguins-imperadores na região do Polo Sul. Eles são adaptados para nadar e viver em ambiente gelado.

Fontes de água quente no Deserto de Atacama, onde vivem bactérias termófilas, Chile.

ATIVIDADES

1 Assinale abaixo somente os seres adaptados à vida aquática.

a)
Peixe arco-íris.

c)
Vitória-régia.

b)
Tucano-de-mandíbula-castanha.

d)
Onça-pintada.

2 O que é biosfera?

_____
_____
_____
_____

3 Marque (**V**) para as afirmações verdadeiras e (**F**) para as falsas.

☐ A biosfera é um lugar em que não existe nenhum tipo de vida.

☐ As plantas aquáticas não sobrevivem em ambientes terrestres.

☐ Nenhum ser vivo consegue sobreviver em ambientes acima de 60 °C.

O que é Ecologia?

Todos os seres vivos que habitam a superfície da Terra interagem entre si e com o ambiente. Nenhum organismo é capaz de viver sozinho. À medida que essas relações eram cada vez mais estudadas nascia a ciência da **Ecologia**.

Interação é todo relacionamento entre seres vivos ou entre estes e elementos naturais sem vida. Veja, a seguir, exemplos de interações entre seres vivos.

Beija-flor se alimentando do néctar de uma flor.

Rêmoras se alimentando das sobras de comida do tubarão.

Outro exemplo de interação entre espécies pode ser observado quando o número de indivíduos de uma delas se modifica.

As onças, entre outros animais, alimentam-se de capivaras. Nas regiões em que onças estão sendo caçadas há aumento da população de capivaras.

Esse grande número de capivaras, por sua vez, alimenta-se de plantas. Caso a quantidade de alimento diminua, elas podem migrar para outras regiões em busca de alimento. Assim, invadirão o hábitat de outros animais, eventualmente causando desequilíbrio no novo ambiente.

Cores-fantasia e tamanhos dos seres vivos sem proporção

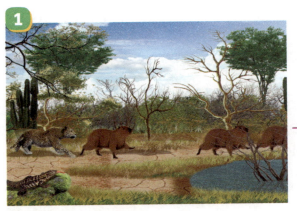

Como as onças comem as capivaras, elas controlam a população desses animais.

Na ausência das onças, a população de capivaras cresce em demasia, causando desequilíbrio ecológico.

Níveis de organização dos seres vivos

Para facilitar a compreensão de como os seres vivos e o ambiente se organizam, foi criada uma classificação dentro da Ecologia. Veja como ela é feita.

- Cada ser vivo, cada indivíduo, é um **organismo**.
- Caso dois organismos possam se reproduzir e gerar descendentes férteis, dizemos que eles pertencem à mesma **espécie**.
- Quando organismos de uma mesma espécie se agrupam em determinada área, eles formam uma **população**.
- Quando populações diferentes ocupam um mesmo local, elas constituem uma **comunidade**.
- Quando diferentes comunidades interagem entre si e com o meio ambiente, elas formam um **ecossistema**.

Representação simplificada em cores-fantasia e sem escala.

Esquema simplificado dos níveis de organização dos seres vivos. No primeiro nível, há um organismo animal e um vegetal. No segundo, uma população animal e uma vegetal. No terceiro, uma comunidade formada por diversas populações. No quarto, a reunião dos elementos vivos e não vivos que formam um ecossistema.

Ecossistema

Todas as comunidades que vivem em um ambiente e relacionam-se entre si e com os elementos não vivos do ambiente (água, solo etc.) formam um ecossistema.

O recife de coral é um exemplo de ecossistema aquático.

ATIVIDADES

1 O que é Ecologia?

_____
_____
_____
_____

2 Identifique e assinale qual das imagens representa uma população.

Ave sobre capivara.

Capivara adulta e fihotes.

3 Complete as lacunas com as palavras do quadro.

> comunidade   ecossistema   população   espécie

a) A interação entre seres vivos e elementos não vivos de um ambiente é denominado _____.

b) _____ é a denominação dada aos indivíduos com características corporais semelhantes e que podem gerar descendentes férteis.

c) O conjunto de diferentes _____ que vive em um mesmo ambiente chama-se _____.

d) Organismos de uma mesma _____ que vivem em um mesmo ambiente formam uma _____.

Cadeias alimentares

Os ecossistemas apresentam uma organização adequada às necessidades alimentares dos seres vivos que neles habitam.

A forma de obtenção de alimento varia. Existem organismos que conseguem produzir o próprio alimento, como as plantas. Outros, como os animais, precisam se alimentar de seres vivos para obter energia.

Essa relação alimentar entre os seres vivos é chamada de **cadeia alimentar**. Ela pode se formar em todos os ambientes, tanto aquáticos como terrestres. Em uma cadeia alimentar, a energia do alimento passa de um organismo para outro.

As cadeias alimentares sempre se iniciam com o produtor e terminam com o decompositor (microrganismos como fungos e bactérias), e entre eles pode haver um ou mais consumidores. Eles podem ser **herbívoros**, quando se alimentam de plantas; **carnívoros**, quando se alimentam de outros animais; ou **onívoros**, quando podem se alimentar tanto de plantas como de animais.

Nós, seres humanos, nos alimentamos de outros seres vivos e, assim, também fazemos parte de cadeias alimentares.

Para representar uma cadeia alimentar, utilizamos setas, que partem sempre do alimento e apontam para o consumidor.

Veja a seguir um exemplo de cadeia alimentar em um ecossistema terrestre.

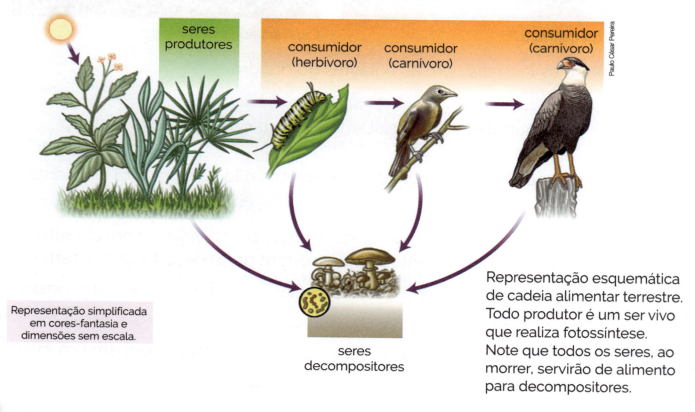

Representação simplificada em cores-fantasia e dimensões sem escala.

Representação esquemática de cadeia alimentar terrestre. Todo produtor é um ser vivo que realiza fotossíntese. Note que todos os seres, ao morrer, servirão de alimento para decompositores.

ATIVIDADES

1 Encontre elementos da cadeia alimentar no diagrama de letras a seguir.

Dicas
- Necessita se alimentar de outros seres vivos porque é incapaz de produzir o próprio alimento.
- Responsável por transformar os restos de seres vivos mortos ou os excrementos dos animais em substâncias nutritivas.
- Alimenta-se de plantas.
- Exemplo de decompositor.
- Alimenta-se de carne.
- Ser vivo que produz o próprio alimento.

M	D	E	C	O	M	P	O	S	I	T	O	R
L	I	G	T	R	A	M	J	U	L	H	Q	C
J	C	A	R	N	Í	V	O	R	O	J	K	O
G	O	P	P	R	U	O	W	I	E	R	S	N
P	N	H	E	R	B	Í	V	O	R	O	K	S
P	R	E	I	X	I	V	I	T	I	N	U	U
J	O	P	L	I	N	A	T	U	U	M	G	M
V	U	F	U	N	G	O	Q	Y	T	J	Q	I
N	Q	R	S	P	E	G	K	I	G	U	T	D
B	P	R	O	D	U	T	O	R	F	Y	U	O
E	I	N	U	M	E	O	T	Y	G	R	A	R

2 Observe a cadeia alimentar representada ao lado e responda.

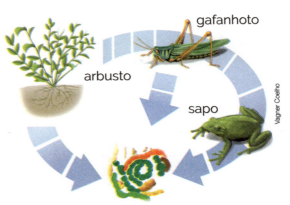

arbusto — gafanhoto — sapo — fungos e bactérias

a) Quem é o produtor?

_____

b) Quantos consumidores formam essa cadeia alimentar? Quem são eles?

_____

c) Quem são os decompositores?

_____

Os biomas brasileiros

Biomas são conjuntos de ecossistemas semelhantes. No Brasil, encontramos seis biomas: Amazônia, Mata Atlântica, Pantanal, Pampa, Caatinga e Cerrado. No mapa abaixo está representada a distribuição desses biomas.

Brasil: divisão dos biomas brasileiros

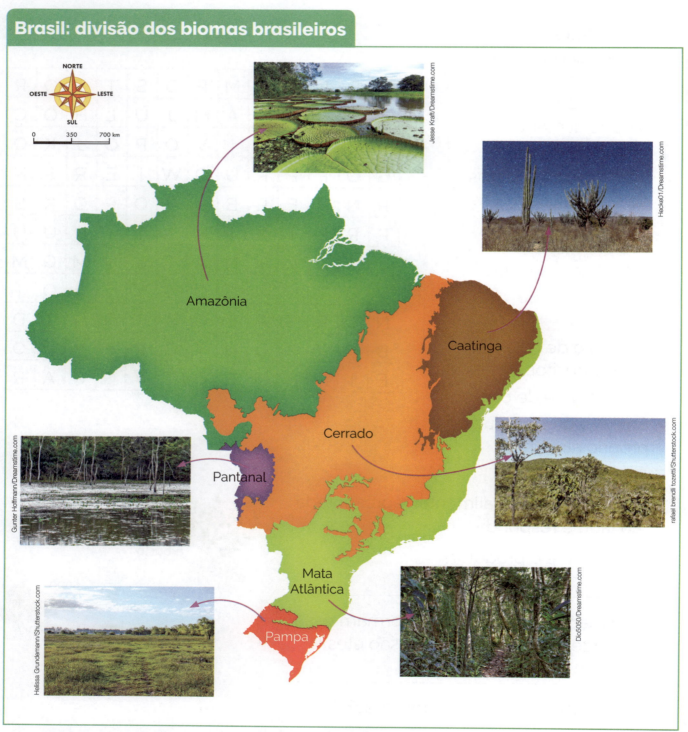

Fonte: IBGE. *Atlas geográfico escolar*. Ensino Fundamental – 6º ao 9º ano. Rio de Janeiro: IBGE, 2010. p. 18.

Amazônia

A Amazônia é a maior floresta tropical da Terra. Um bioma tão grande que, além do Brasil, abrange mais oito países: Venezuela, Colômbia, Peru, Bolívia, Equador, Suriname, Guiana e Guiana Francesa.

A vegetação da Floresta Amazônica é formada por uma rica variedade de espécies. Além disso, sua paisagem é composta de diversos rios; o principal deles é o Rio Amazonas, o maior do mundo em volume de água.

O desmatamento é um dos principais problemas do bioma: por causa dele, várias espécies vegetais e animais correm o risco de extinção, o que provoca danos irreparáveis ao ecossistema.

O boto-cor-de-rosa é um animal que vive nos rios da Amazônia. Ele está ameaçado de extinção.

 PEQUENO CIDADÃO

Preservação de espécies

O peixe-boi marinho é, hoje, o mamífero aquático mais ameaçado de extinção no país. O Projeto Peixe-Boi foi criado em 1980, pelo governo federal, na tentativa de preservar esse animal no Brasil.

Para cumprir sua função, o projeto resgata, reabilita e reintroduz os animais em seu hábitat natural.

Peixe-boi.

- Em grupo, pesquisem sobre espécies ameaçadas de extinção no Brasil e façam um folheto informativo digital sobre a importância da preservação de espécies. Compartilhem com as pessoas da convivência de vocês.

Mata Atlântica

Características da Mata Atlântica

A Mata Atlântica é uma floresta tropical e, assim como a Amazônia, contém grande diversidade de espécies.

São representantes da flora desse bioma o jequitibá-rosa, o pau-brasil, o jacarandá, o ipê-rosa e o ipê-roxo, além de uma infinidade de bromélias, samambaias e palmeiras. Os animais mais conhecidos são a onça-pintada, a anta, o mico-leão-dourado, a preguiça, o gambá e a capivara.

Mata Atlântica.

No Brasil, atualmente, a Mata Atlântica apresenta menos de 10% de sua cobertura original. É nela que se encontra a maior quantidade de plantas ameaçadas de extinção: quase 50%, ou seja, a metade delas. Isso acontece porque esse bioma se distribui pelo litoral, e a maior parte da população brasileira concentra-se na costa brasileira ou próximo dela, provocando intensa destruição florestal.

As ameaças a esse bioma vão desde a exploração para obtenção de recursos naturais, como a madeira, até o desmatamento para ocupação urbana e instalação de atividades agropecuárias.

O mico-leão-dourado, assim como outras espécies de animais e plantas, está ameaçado de extinção.

ATIVIDADES

1 A imagem a seguir mostra uma paisagem típica da Amazônia, com diversos animais que vivem na região. Encontre: 4 tucanos, 3 macacos-aranha, 2 onças-pintadas, 3 capivaras, 3 cobras, 2 jacarés, 1 garça, 1 preguiça e 3 animais que não deveriam estar lá.

2 Agora, você será o fiscal da natureza!

a) Com base no que você estudou sobre a Amazônia e a Mata Atlântica, que medidas tomaria para preservar esses biomas?

_____
_____
_____

b) Discuta com os colegas a resposta que você deu no item acima. Depois, em grupos de cinco, produzam um cartaz sobre a preservação da natureza. Com a ajuda do professor, façam uma exposição dos cartazes na escola.

Caatinga

Caatinga, Boa Vista, Paraíba.

Características da Caatinga

A Caatinga (nome de origem tupi-guarani que significa "mato branco") abrange boa parte da Região Nordeste do Brasil. Devido aos longos períodos de seca, a vegetação perde as folhas e fica esbranquiçada. O solo é pedregoso, pobre em matéria orgânica, mas rico em minerais. A vegetação que compõe esse bioma é formada de árvores baixas, arbustos e cactos. O mandacaru e o xique-xique são cactos típicos da região.

A arara-azul-de-lear é uma espécie exclusiva da Caatinga. Ela está ameaçada de extinção por causa do tráfico de animais silvestres e da destruição de seu hábitat.

Há um Plano de Ação Nacional para a Conservação da Arara-Azul-de-Lear, cujo objetivo é desenvolver ações de conservação, pesquisa, proteção e educação ambiental com a intenção de reverter essa situação.

Flor do mandacaru.

Arara-azul-de-lear: espécie exclusiva da Caatinga da Bahia. Raso da Catarina, Bahia.

Cerrado

Paisagem do Cerrado brasileiro no Parque Estadual Caminhos dos Gerais, Monte Azul, Minas Gerais.

Características do Cerrado

É o segundo maior bioma do Brasil; perde apenas para a Amazônia. Ele se concentra na Região Centro-Oeste do país, mas pode ser encontrado também nos estados de São Paulo, Paraná, Minas Gerais, Tocantins e Piauí.

O Cerrado é cortado por alguns rios importantes, como São Francisco, Tocantins e Prata. As plantas que marcam o bioma são o buriti, o pequi e o ipê. Os animais mais conhecidos são tamanduá-bandeira, onça-pintada, ema e lobo-guará.

Assim como os demais biomas estudados até aqui, a fauna e a flora da Caatinga e do Cerrado também estão correndo risco de extinção.

O veado-campeiro é um animal do Cerrado que está ameaçado de extinção, principalmente por causa da destruição do hábitat e da caça ilegal.

Plantio de soja no Cerrado, na cidade de Unaí, Minas Gerais. A ocupação desordenada desse bioma para pastagens e agricultura vem contribuindo para a extinção de plantas e animais.

ATIVIDADES

1 Analise as imagens a seguir e marque a única que representa a Caatinga.

2 Analise a imagem do Cerrado típico brasileiro e encontre: 3 animais da savana africana que não vivem no Cerrado; 1 atividade humana que pode degradar esse ambiente; 1 atividade humana que colabora com o ambiente

Pantanal

Esse bioma se destaca por ser a maior planície inundável do mundo. Os alagamentos ocorrem no período de chuva, quando grande parte do Pantanal fica submersa.

O tuiuiú é seu animal-símbolo, mas o Pantanal também é conhecido por seus peixes, jacarés e cobras. A pesca predatória, o garimpo, a pecuária e o tráfico de animais são alguns exemplos de atividades que degradam esse bioma.

Pantanal.

Tuiuiú.

Pampa

Características do Pampa

O Pampa também é conhecido como "campos sulinos", por se encontrar na Região Sul do Brasil. Ele se caracteriza pela predominância da vegetação gramínea (grama) e de pequenos arbustos.

Os animais que vivem nesse bioma são: gato-palheiro, lontra, tamanduá, preá, quero-quero, além de vários tipos de serpentes.

A vegetação nativa do Pampa vem sendo substituída por plantações de arroz e reflorestamento de eucalipto para a fabricação de papel e pastos.

Pampa, região rural no Sul do Brasil.

Gato-palheiro.

ATIVIDADES

1 Analise as imagens a seguir e identifique os respectivos biomas.

2 Observe o mapa dos biomas brasileiros e faça o que se pede.

a) Identifique os biomas indicados por 1, 2, 3, 4, 5 e 6.

b) Cite dois animais característicos do bioma 4.

c) Mencione uma ação dos seres humanos que coloca em risco o bioma indicado pelo número 1.

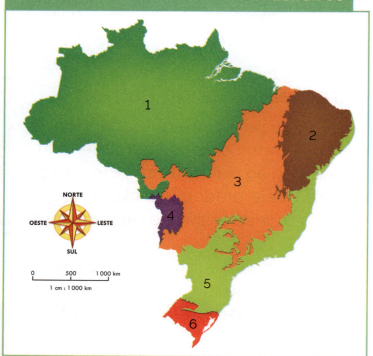

Fonte: IBGE. *Atlas geográfico escolar*. Ensino Fundamental – 6º ao 9º ano. Rio de Janeiro: IBGE, 2010. p. 18.

BRINCANDO

1 Faça um desenho que represente um ecossistema e indique os nomes dos seres vivos e componentes ambientais sem vida que o compõem.

_____
_____

UNIDADE 7
CORPO HUMANO

Hora de cuidar do corpo!

Lúcia levou um grande tombo enquanto andava de *skate*. Ainda bem que ela estava usando equipamentos de proteção, não é mesmo? Capacete, joelheiras e cotoveleiras protegem a cabeça e as articulações. Apesar de protegida pelos equipamentos, ela correu o risco de ter algum ferimento.

Quando acontece um acidente que resulta em ferimento, o melhor a fazer é ter os cuidados necessários para que o organismo se regenere: tomar ou aplicar os remédios indicados por profissionais habilitados, descansar e alimentar-se bem.

O corpo é formado por células

Todos nós surgimos de uma única estrutura chamada célula. A partir do momento em que somos gerados, as células começam a multiplicar-se, modificar-se e organizar-se em tecidos e órgãos que constituirão o organismo.

As células continuam multiplicando-se ao longo da vida; esse processo é mais perceptível durante a fase de crescimento. São elas, também, que se reproduzem e possibilitam a regeneração dos tecidos de nosso corpo e a cicatrização dos ferimentos.

Conhecendo as células

As células são unidades vivas que formam o corpo de todos os seres vivos – animais, plantas, microrganismos etc. A maioria delas não pode ser vista a olho nu, ou seja, são microscópicas. Nesse caso, é preciso um microscópio para observá-las.

Há organismos que são formados de uma única célula, chamados de seres unicelulares. Um exemplo de ser unicelular é a ameba. Já os indivíduos formados por duas ou mais células são denominados seres pluricelulares. Os seres humanos são seres pluricelulares.

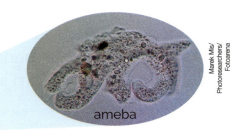

A ameba é um ser unicelular que somente pode ser vista com o uso de microscópio. Ampliação de cerca de 50 vezes.

A gema é um tipo de célula que podemos ver a olho nu; por esse motivo, dizemos que é uma célula macroscópica.

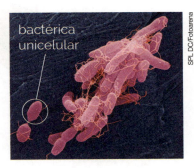

Colônia de bactérias salmonela, um tipo de ser unicelular. Ampliação de cerca de 3 500 vezes.

Células da folha de uma planta. Ampliação de aproximadamente 50 vezes.

Estrutura da célula

As células são compostas basicamente de três partes: membrana plasmática, citoplasma com organelas e núcleo.

Veja a seguir o esquema simplificado de uma célula.

Cores-fantasia e estruturas representadas sem proporção.

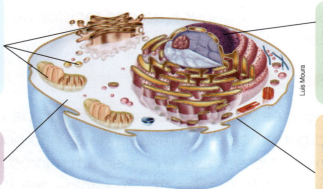

Organelas: são pequenas estruturas que cumprem diversas funções na célula, como gerar energia e transportar nutrientes.

Citoplasma: é o líquido viscoso onde ficam as organelas e o núcleo.

Núcleo: é o local da célula onde está o material genético, o DNA, que carrega todas as características hereditárias do ser vivo.

Membrana plasmática: delimita os meios externo e interno da célula, regulando, nela, a entrada e a saída de substâncias.

Representação de uma célula animal com suas partes principais.

A célula é a estrutura básica de organização do corpo humano.

Nosso corpo é formado por trilhões de células de vários formatos e tamanhos com funções diferentes. Sendo assim, as células organizam-se para constituir tecidos, que juntos formam órgãos relacionados entre si, compondo sistemas. Esses sistemas trabalham juntos, formando o organismo.

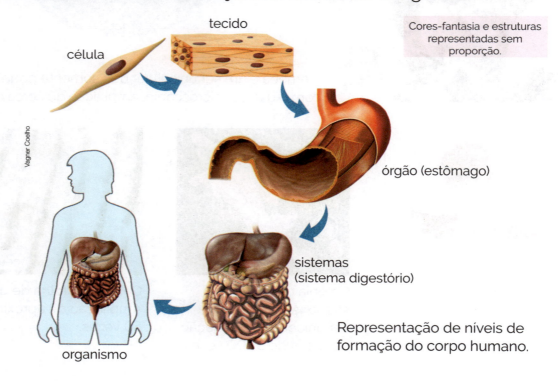

Cores-fantasia e estruturas representadas sem proporção.

Representação de níveis de formação do corpo humano.

ATIVIDADES

1 Identifique as partes de uma célula animal.

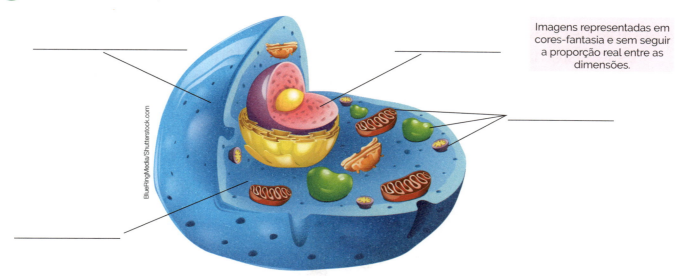

Imagens representadas em cores-fantasia e sem seguir a proporção real entre as dimensões.

2 Observe as imagens abaixo. Em seguida, identifique-as e enumere-as indicando o nível de organização da estrutura menos complexa para a mais complexa.

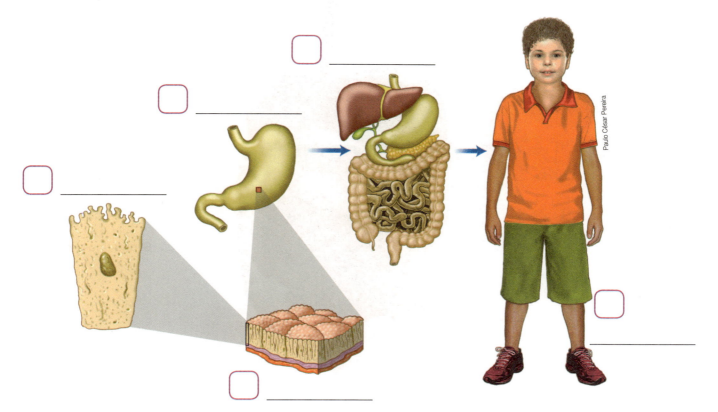

Sistema digestório

O sistema digestório é encarregado da digestão dos alimentos. A digestão é o processo que transforma o alimento em partículas menores, para que possam ser absorvidas pelo organismo, de modo que ele obtenha os nutrientes e a energia necessários para a vida.

Esse sistema é formado pelos órgãos: boca, faringe, esôfago, estômago, intestino delgado, intestino grosso, reto e ânus. Além disso, tem glândulas anexas: as glândulas salivares, o fígado e o pâncreas.

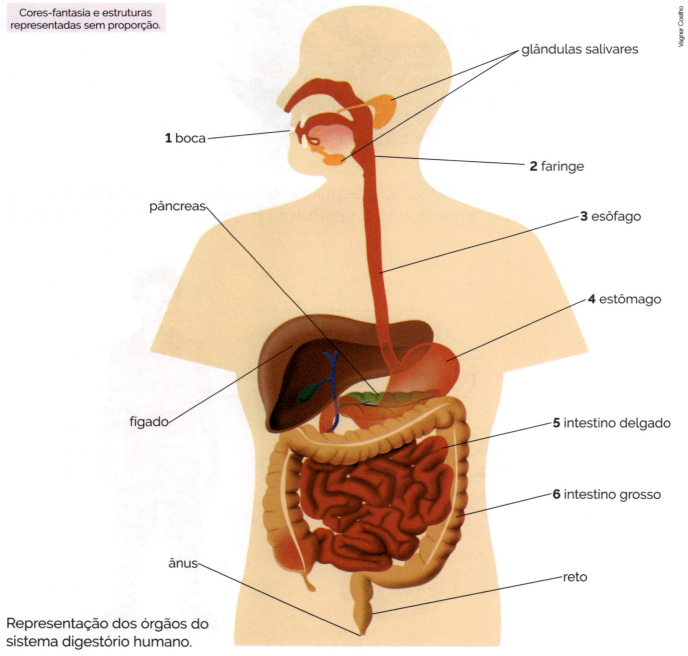

Cores-fantasia e estruturas representadas sem proporção.

Representação dos órgãos do sistema digestório humano.

1. Boca
Pela boca ingerimos e mastigamos os alimentos. Durante a mastigação, o alimento é triturado pelos dentes e misturado à saliva. Produzida pelas glândulas salivares, a saliva contém substâncias que, com a ação da mastigação, preparam o alimento para as próximas etapas, formando o **bolo alimentar**.

2. Faringe
Depois que engolimos o alimento que estava na boca, a faringe o conduz até o esôfago.

3. Esôfago
O esôfago é um tubo que leva o bolo alimentar da faringe até o estômago por meio de movimentos involuntários (que não dependem de nossa vontade). Esses movimentos, de contração e relaxamento de sua parede, são chamados de movimentos peristálticos.

4. Estômago
O estômago se assemelha a uma bolsa de parede musculosa. Seus movimentos revolvem o bolo alimentar e, com o auxílio do suco gástrico produzido pelo estômago, rico em substâncias digestivas, quebram o alimento em pedaços menores, transformando-o em uma pasta, que recebe o nome de **quimo**. Assim como ocorre no esôfago, as paredes do estômago têm movimentos peristálticos, impulsionando o quimo para o intestino delgado.

5. Intestino delgado
No intestino delgado (delgado significa "fino"), o alimento recebe mais substâncias digestivas: o suco entérico – produzido pelo próprio intestino –, o suco pancreático – produzido pelo pâncreas – e a bile – produzida pelo fígado. Essas substâncias tornam o quimo mais líquido, facilitando a absorção da maior parte dos nutrientes provenientes da digestão. Os nutrientes passam para a corrente sanguínea e são transportados para as células de todo o organismo.

6. Intestino grosso
O que não é aproveitado pelo intestino delgado passa para o intestino grosso, onde acontece a retirada de água e a formação das fezes. As fezes, por fim, saem pela parte final do intestino grosso, denominada reto, e são eliminadas pelo ânus.

BRINCANDO DE CIENTISTA

Como acontece a digestão?

Material:
- biscoitos tipo água e sal ou uma fatia de pão de forma;
- 1 copo de suco de laranja;
- 1 saco plástico com fecho.

Modo de fazer

1. Pique os biscoitos ou o pão em pedaços pequenos e coloque-os no saco.
2. Despeje o suco de laranja até preencher a metade do saco e feche-o bem.
3. Amasse bem o saco durante 1 minuto.
4. Observe o que ocorreu com os biscoitos ou o pão.

Etapas do experimento.

Agora, responda:

a) Que transformações sofreram os biscoitos ou o pão?

b) Transformações semelhantes ocorrem no sistema digestório. Considerando o trajeto do alimento em nosso corpo, você saberia dizer qual é a importância de os alimentos passarem por essas transformações?

c) O resultado do experimento seria igual se o suco não tivesse sido adicionado?

1 Identifique as partes que compõem o sistema digestório e numere-as na ordem em que o alimento passa pelo processo de digestão.

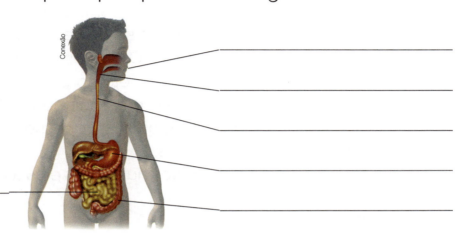

2 Complete as frases com as palavras do quadro.

- quimo
- água
- saliva
- intestino delgado
- bolo alimentar
- boca
- sucos digestivos
- intestino grosso

a) A mastigação, que ocorre na _____, é uma parte importante da digestão, pois mistura o alimento à _____, formando o _____.

b) No estômago, com a ação das substâncias digestivas do suco gástrico, o bolo alimentar transforma-se em uma pasta, que recebe o nome de _____.

c) Uma pasta líquida é formada pela ação dos _____ no intestino delgado.

d) Durante a passagem do alimento pelo sistema digestório, a maior absorção de nutrientes ocorre no _____.

e) As fezes são formadas no _____ pela absorção de _____ do quimo.

Os nutrientes de que o corpo precisa

O alimento é essencial para o corpo se desenvolver e realizar suas funções, entre elas se defender no caso de doenças e se regenerar no caso de machucados.

Para realizar suas atividades diárias, inclusive dormir, você utiliza os nutrientes dos alimentos. Quando você se alimenta, está ingerindo nutrientes que serão transportados até as células. O processo que transforma a comida para que os nutrientes sejam absorvidos pelo corpo é a digestão.

Os alimentos não oferecem os mesmos nutrientes. Alguns têm certos nutrientes em maior quantidade que outros. Por esse motivo, é importante ter uma alimentação balanceada e diversa.

Veja a seguir alguns grupos dos nutrientes e os alimentos relacionados a eles.

Carboidratos – fornecem energia ao corpo. Exemplos: arroz, pães, biscoito, bolos, cereais integrais, macarrão, batata e mandioca.

Proteínas – principal componente do corpo humano, são responsáveis pela construção de tecidos, órgãos e músculos e estão presentes no sangue. Exemplos: carnes em geral, ovos, leite e seus derivados, feijão e soja.

Vitaminas e sais minerais – regulam o funcionamento do corpo e fortalecem o sistema de defesa. Todos os alimentos mostrados contêm esses nutrientes, porém verduras e frutas são excelentes fontes de vitaminas e minerais.

Lipídios – fornecem energia ao corpo, assim como os carboidratos, e auxiliam no transporte de vitaminas no organismo. Exemplos: óleos de origem vegetal, como óleo de soja e azeite, margarina e manteiga, creme de leite. Carnes e sementes também têm lipídios.

Um cardápio saudável

Para garantir o consumo de todos os nutrientes de que o organismo precisa e na quantidade adequada, é importante que se tenha uma **dieta diversificada**. A ingestão de diferentes alimentos aumenta a variedade de nutrientes absorvidos; cada alimento pode ser mais rico em determinado nutriente.

O prato da imagem a seguir contém alimentos que tradicionalmente fazem parte do cardápio das famílias brasileiras. Ele é considerado saudável. Veja os motivos.

As folhas verdes e outras verduras e legumes fornecem vitaminas e minerais, além de serem ótimas fontes de fibras. Normalmente, saladas são temperadas com azeite, que é um lipídio benéfico ao organismo.

A presença de um alimento proteico garante a renovação das células. Com isso, ossos, músculos e demais partes do corpo desenvolvem-se satisfatoriamente.

O feijão é um grão que contém proteínas e fibras. As fibras tornam o processo de digestão mais fácil.

O arroz é uma fonte de carboidrato, nutriente que fornece energia para as células.

Esta imagem mostra que não são necessárias grandes mudanças na tradição alimentar brasileira, pois ela já tem os componentes principais de uma refeição saudável.

SAIBA MAIS

Todos os alimentos contêm alguma quantidade de água em sua composição; no entanto, mesmo numa boa alimentação, não há a ingestão do volume de água suficiente para as necessidades do organismo. Por essa razão é preciso beber água ao longo do dia.

A quantidade de água a ser ingerida varia com a idade. Entre 8 e 10 anos de idade a quantidade é de cerca de 2 litros por dia.

ATIVIDADES

1 Complete o quadro indicando quais nutrientes se encontram em maior quantidade nos alimentos mostrados.

- carboidrato
- proteína
- lipídios
- vitaminas e minerais

a) _____

b) _____

c) _____

d) _____

e) _____

f) _____

2 A imagem mostra um prato com alimentos consumidos no cotidiano do brasileiro. Complete o esquema incluindo o texto correspondente a cada tipo de alimento mostrado.

Alimentos *in natura* e alimentos processados

Alimentos **in natura** são obtidos diretamente de plantas ou animais e adquiridos para o consumo, sem que tenham sofrido qualquer alteração após deixarem a natureza. São exemplos desses alimentos as folhas e os frutos, os grãos, a carne fresca, os ovos e o leite.

Já os alimentos **processados** são os que passaram por poucas alterações, como adição de sal (queijo) e de açúcar (geleia), ou foram higienizados, como o leite pasteurizado.

Há também um grupo de produtos que geralmente não são tão nutritivos quanto os alimentos naturais: os **ultraprocessados**. São produtos em que os componentes *in natura* foram totalmente transformados industrialmente. Entre esses alimentos estão vários tipos de biscoitos, macarrão e temperos "instantâneos", salsichas, salgadinhos de pacote, refrescos artificiais, refrigerantes etc.

Esquema que utiliza o abacaxi para exemplificar os alimentos *in natura*, processados e ultraprocessados.

Alimentação e publicidade

As propagandas publicitárias de alimentos geralmente ofertam produtos industrializados ou ultraprocessados.

Desse modo, acabam levando uma legião de crianças e adultos a provar e apreciar esses produtos, já que eles têm realçadores de sabor (componentes químicos que agradam ao paladar) e embalagens coloridas e bonitas.

É recomendado consultar quais são os nutrientes e benefícios dos alimentos antes de consumi-los, pois alimentos ultraprocessados e industrializados em excesso podem trazer riscos à saúde. Além disso, há pessoas com intolerância a determinados produtos ou que estão com sobrepeso, obesidade ou carência de nutrientes, o que exige mais cuidados na seleção dos alimentos.

Rótulo de alimento que contém realçador de sabor (aromatizante artificial).

Consequências da má alimentação

Produtos ultraprocessados devem ser evitados porque são pobres em nutrientes. Os processos industriais pelos quais esse tipo de alimento passa para ser produzido eliminam suas características nutricionais, isto é, reduzem ou removem seus nutrientes, e, mesmo quando são adicionadas vitaminas, elas não compensam os males causados pela ingestão dos produtos químicos presentes nesses alimentos.

Além disso, os ultraprocessados, em geral, têm muita quantidade de sal, açúcar e gorduras, como óleo vegetal. Se ingeridos em excesso, esses componentes podem causar danos ao organismo e obesidade, além de doenças como pressão alta e diabetes.

1. Reúna-se em grupo com os colegas. Escolham um produto ultraprocessado e analisem as informações da embalagem com base nas perguntas a seguir.

- Qual nutriente predomina na composição do produto escolhido (carboidratos, lipídios, proteínas, vitaminas e sais minerais)?
- Há aditivos (corantes, conservantes, realçadores de sabor etc.)?

Agora, discuta com os colegas e respondam às questões.

a) Qual é a função de cada um dos aditivos químicos presentes no alimento?

b) Esse é um alimento saudável? Por quê?

c) Por qual alimento natural vocês o substituiriam?

ATIVIDADES

1 Observe a imagem a seguir. Depois, responda a questão.

Massa e molho feitos em casa.

- Pesquise quais ingredientes foram usados para fazer essa receita?

_____

_____

2 Veja a imagem de uma prateleira de supermercado com cereais. Explique se eles são alimentos *in natura* ou ultraprocessados. Justifique sua resposta.

Fotografia de alimentos expostos em prateleira de supermercado.

_____

_____

_____

Sistema urinário

As células do organismo recebem nutrientes e produzem resíduos a todo momento. Estes saem das células em direção aos vasos sanguíneos e são transportados para o sistema urinário, principal responsável pela sua remoção. Se os resíduos ficam no corpo em grande quantidade, prejudicam a saúde. Esse processo é denominado **excreção**: as toxinas são removidas do sangue e transformadas em urina, que é eliminada do corpo.

Veja, no esquema a seguir, os órgãos que formam o sistema urinário.

1. Rins
Órgãos que funcionam como filtros, retirando as impurezas do sangue e transformando-as em urina. Eles reconhecem as substâncias que são boas, mantendo-as no organismo, e separam as outras para serem descartadas.

Representação simplificada em cores-fantasia e sem escala.

3. Bexiga urinária
A urina que vem dos rins pelos ureteres fica armazenada em uma bolsa chamada bexiga urinária até sua eliminação. Quando dizemos que estamos com a bexiga cheia, significa que sentimos que esse órgão, que aumenta e diminui de tamanho, já chegou à sua capacidade máxima.

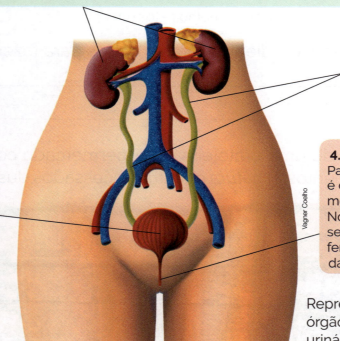

2. Ureteres
Os ureteres são os canais que transportam a urina dos rins para a bexiga.

4. Uretra
Para ser eliminada, a urina é conduzida da bexiga ao meio exterior pela uretra. No sexo masculino, a uretra se localiza no pênis; no feminino, na parte anterior da vagina.

Vagner Coelho

Representação dos órgãos do sistema urinário de uma mulher.

SAIBA MAIS

- O processo de excreção não está relacionado ao processo de eliminação das fezes. A eliminação das fezes, que contém restos de alimentos não digeridos, é feita pela evacuação. Já a excreção, que ocorre pelo sistema urinário ou pelo suor, libera substâncias tóxicas produzidas pela atividade das células.
- A cada dia, os rins purificam cerca de 180 litros de sangue.

ATIVIDADES

1 É hora de desenhar! De acordo com o que você estudou, desenhe na imagem abaixo os seguintes elementos do sistema urinário: rins, ureteres, bexiga e uretra, indicando o nome de cada um deles.

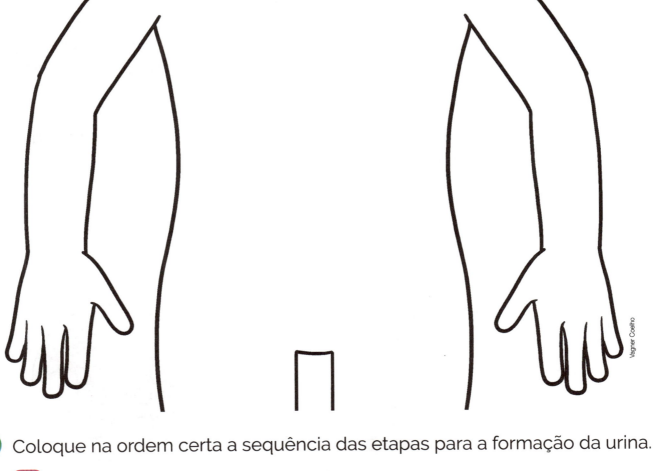

2 Coloque na ordem certa a sequência das etapas para a formação da urina.

☐ A uretra transporta a urina da bexiga para o meio externo.

☐ Os ureteres transferem a urina dos rins para a bexiga urinária.

☐ Na bexiga, a urina é armazenada até sua eliminação.

☐ Os rins filtram o sangue, retirando impurezas e produzindo a urina.

3 Faça uma pesquisa sobre a importância de nos hidratarmos e a quantidade mínima de água que devemos ingerir por dia. Em seguida, monte uma apresentação para convencer colegas ou familiares a se preocupar com a quantidade diária de ingestão de água.

Sistema respiratório

O sistema respiratório é o conjunto de órgãos responsável pela respiração, ou seja, pelas trocas gasosas.

Durante a respiração, ocorre a absorção de oxigênio e a liberação de gás carbônico. O ar entra em nosso corpo pelo nariz, sendo aquecido e filtrado por meio de pelos que forram as fossas nasais e impedem a passagem de impurezas. A cavidade nasal é revestida de uma mucosa na qual ficam presas as partículas do ar que respiramos, evitando que se dirijam aos pulmões. Em seguida, o ar passa pela faringe, pela laringe, pela traqueia, segue pelos brônquios e chega aos pulmões.

Nos pulmões, o sangue absorve o oxigênio para transportá-lo às diversas partes do corpo. Ao mesmo tempo, libera o gás carbônico recolhido, que depois é eliminado na expiração.

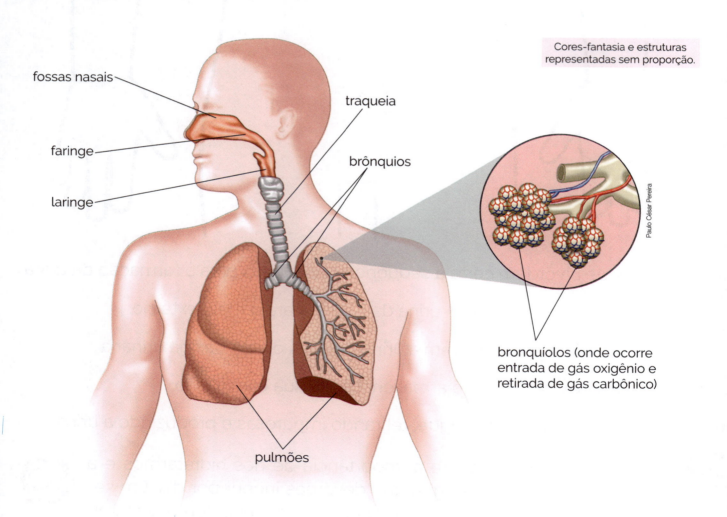

Representação das regiões do corpo humano envolvidas na respiração.

Sistema cardiovascular

O sistema cardiovascular é responsável pela circulação do sangue em nosso corpo. Ele é formado pelo coração, pelos vasos sanguíneos e pelo sangue.

A circulação é o percurso do sangue, que sai do coração, segue para as outras partes do corpo e depois retorna a ele. Durante esse percurso, o sangue transporta os nutrientes e o oxigênio necessários à vida, bem como recolhe as substâncias que precisam ser eliminadas do organismo.

Chamamos de **grande circulação** o percurso do sangue quando sai do coração e percorre o corpo, nutrindo-o e retirando os resíduos, para então voltar ao coração, no lado direito. A **pequena circulação** é aquela em que o sangue sai do coração e vai para os pulmões, onde recebe o oxigênio e deixa o gás carbônico, para, em seguida, retornar ao coração, no lado esquerdo.

O coração humano tem quatro câmaras. As duas superiores são denominadas átrios, e as duas inferiores ventrículos. Os lados direito e esquerdo do coração não têm comunicação entre si, evitando, assim, que o sangue que chega do corpo se misture com o dos pulmões.

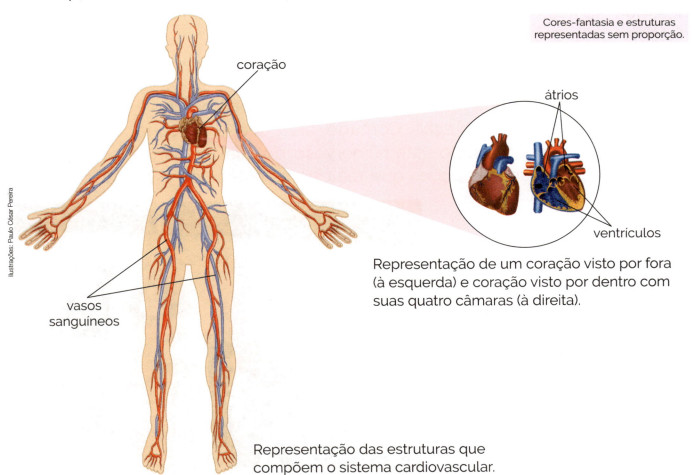

Cores-fantasia e estruturas representadas sem proporção.

Representação de um coração visto por fora (à esquerda) e coração visto por dentro com suas quatro câmaras (à direita).

Representação das estruturas que compõem o sistema cardiovascular.

Operando em conjunto

Os sistemas do corpo humano são estudados separadamente para facilitar a compreensão, mas no organismo eles trabalham de forma integrada, sendo o sistema cardiovascular responsável por essa integração.

A obtenção de energia começa quando nos alimentamos. Os alimentos são digeridos pelo sistema digestório, quebrando-os em partes bem pequenas – os nutrientes –, que são distribuídas por meio dos vasos sanguíneos para todas as células do corpo, onde passarão por transformações para liberarem energia.

Mas nada disso seria possível sem o gás oxigênio proveniente da respiração. Nos alvéolos, ele passa para o sangue, enquanto o gás carbônico que o sangue recolheu das células passa para os alvéolos e sai do corpo com o ar expirado. O gás oxigênio é distribuído para as células do corpo todo pelo sangue. Nas células, assim como os nutrientes, ele é utilizado para obter energia.

Além de distribuir os nutrientes, outra função do sangue ao percorrer todo o corpo é remover os resíduos produzidos pelas células durante suas atividades, que, se acumulados, são tóxicos. Esses resíduos são filtrados nos rins, no sistema urinário, e eliminados na forma de urina.

A integração dos sistemas pode ser percebida na hora do recreio, quando brincamos com os colegas.

Durante uma corrida de sacos, por exemplo, você precisa que os músculos e os ossos entrem em ação. Contudo, para que isso ocorra, é necessário que sejam comandados pelo sistema nervoso, do qual faz parte o cérebro, seu principal órgão. Assim, as ações que realizamos estão sob o comando desse sistema.

Graças a ele, nosso organismo funciona de forma harmônica, com todos os seus componentes funcionando de forma complementar. Mais detalhes sobre esse sistema serão abordados ainda nesta unidade.

Crianças fazem atividade física.

BRINCANDO DE CIENTISTA

Respiração e exercício

Você já percebeu o que ocorre com sua respiração após uma atividade física?

Material:
- caderno e caneta para registro;
- relógio, cronômetro ou celular.

Procedimentos

1. Forme dupla com um colega. Em repouso, posicione os dedos indicador e médio em seu pulso até conseguir sentir o batimento.
2. Conte seus batimentos cardíacos, enquanto o colega marca um minuto.
3. Registre o resultado no caderno.
4. Faça uma atividade recreativa – pular corda, correr, jogar futebol etc. – por 1 minuto.
5. Meça, novamente, os batimentos.
6. Registre e compare os resultados obtidos. Como você explica o que aconteceu?
7. Repita a atividade trocando de posição com o colega.

ATIVIDADES

1 Leia a tirinha e responda às questões.

a) Por que o garoto tem a sensação de que seu coração vai sair pela boca?
_____
_____

b) Por que o coração do garoto está batendo de modo mais rápido que o normal?
_____

c) Na atividade feita pelo garoto, pode ser percebida a integração dos sistemas respiratório e cardiovascular. Qual é essa integração e por que ela ocorre?
_____
_____
_____

2 Por que podemos afirmar que o sistema cardiovascular é um sistema integrador? Dê um exemplo.

_____
_____
_____
_____
_____

3 Complete o esquema a seguir, sobre o funcionamento integrado dos sistemas do corpo humano.

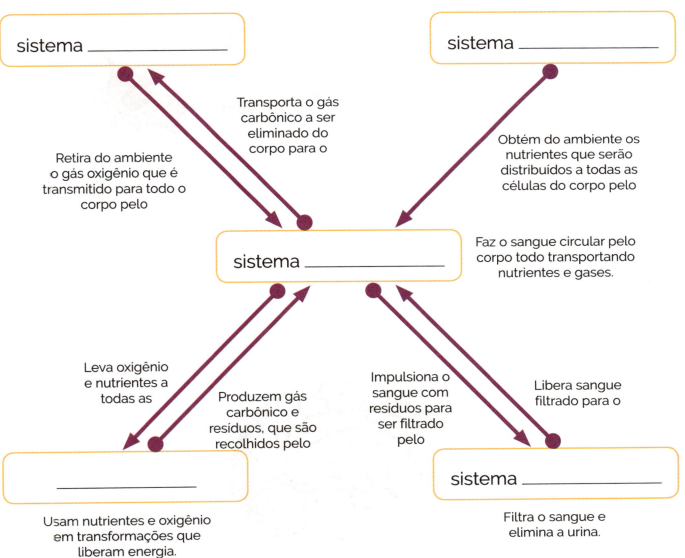

Sistema nervoso

O sistema nervoso é responsável por garantir o bom funcionamento de todos os órgãos do corpo humano. A ele estão sujeitas tanto as atitudes que não dependem de nossa vontade, como respirar, quanto as que dependem, como tocar um instrumento. Ele é formado pelo encéfalo, pela medula espinal e pelos nervos. Todos os componentes do sistema nervoso apresentam um tipo específico de célula, os **neurônios**.

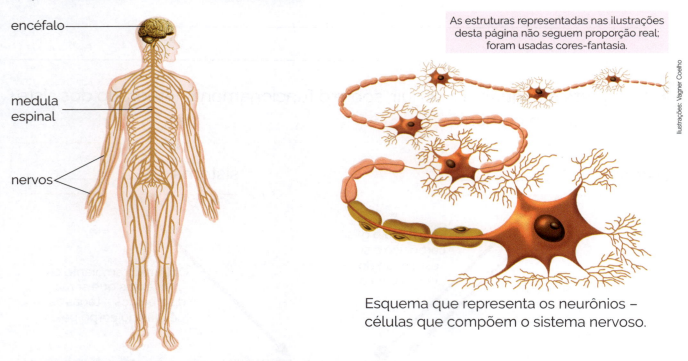

As estruturas representadas nas ilustrações desta página não seguem proporção real; foram usadas cores-fantasia.

Esquema que representa os neurônios – células que compõem o sistema nervoso.

Esquema do sistema nervoso humano.

Encéfalo

O encéfalo é o nome que se dá a um conjunto formado pelo cérebro, cerebelo e tronco encefálico.

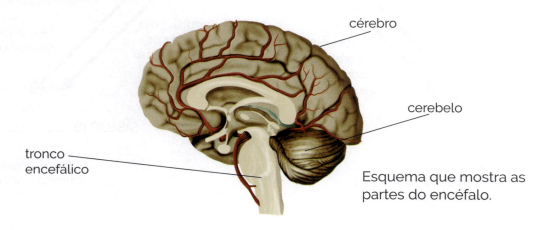

Esquema que mostra as partes do encéfalo.

Medula espinal

A medula espinal fica alojada na coluna vertebral. Ela é formada por vários nervos, responsáveis por transmitir as informações e fazer a comunicação entre o encéfalo e as outras partes do corpo. É por esse motivo que uma lesão na medula pode levar à paralisia de regiões do corpo ou à falta de sensibilidade nelas.

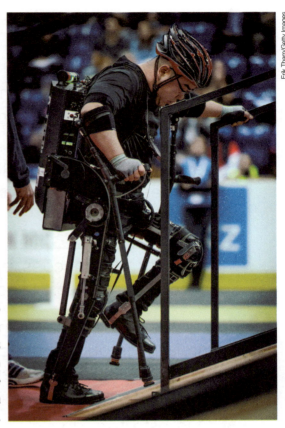

Acidentes que comprometem a medula espinhal podem ser muito graves e levar à perda, em seres humanos, dos movimentos da cintura para baixo ou mesmo do pescoço para baixo. A tecnologia tem evoluído bastante, e atualmente estão em desenvolvimento roupas especiais que possibilitam a acidentados recuperarem os movimentos. Na fotografia, vemos um homem se movimentar com uma dessas roupas, em um estádio na Suíça, em 2016.

Ato reflexo

A medula espinal também é responsável por muitas de nossas respostas involuntárias. Por exemplo, quando encosta a mão em uma panela quente, você a retira rapidamente, não é mesmo? Isso ocorre porque na pele existem células nervosas que recebem o estímulo do calor e rapidamente transmitem esse estímulo para a medula, que por sua vez transmite pelos nervos a mensagem para que o músculo do braço se contraia – e você retire a mão da panela quente. Esse processo é chamado de ato reflexo.

Agora pense: O que ocorreria se não houvesse esse rápido sistema de nos afastarmos das fontes de dor?

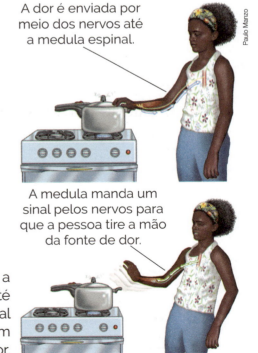

A dor é enviada por meio dos nervos até a medula espinal.

A medula manda um sinal pelos nervos para que a pessoa tire a mão da fonte de dor.

Os nervos sensoriais (do sentido do tato) captam, através da pele, a sensação de dor, gerando um estímulo que percorre os nervos até chegar à medula espinal. Imediatamente, a medula manda um sinal para nervos que comandam os músculos do braço, fazendo com que se contraiam e afastem a mão do que está causando a dor.

ATIVIDADES

1 Analise a ilustração de um sistema nervoso simplificado. Complete as frases de acordo com a função das partes indicadas pelos números.

1. Nesta região do encéfalo está o _____. Ele é responsável por várias funções, como a aquisição de conhecimento.

2. A _____ é responsável por transmitir informações e fazer a comunicação entre o corpo e o encéfalo. Ela fica alojada na coluna vertebral.

2 Joaquim estava brincando no parquinho quando um pouco de areia espirrou em direção a seu rosto. Ele conseguiu fechar os olhos rapidamente, evitando que a areia entrasse neles.

a) Que estrutura do sistema nervoso é responsável por esse tipo de reação rápida e involuntária?

_____
_____
_____
_____

b) Explique como isso ocorreu.

_____
_____
_____
_____
_____
_____
_____

Sistema genital

Desde que nascemos, nosso corpo passa por uma série de transformações. Em determinada fase da vida, ele começa a produzir células destinadas à reprodução, isto é, à formação de novos seres humanos.

O conjunto de órgãos responsáveis pela reprodução humana forma o **sistema genital**. O sistema genital feminino é diferente do masculino. Por esse motivo o corpo dos homens apresenta diferenças em relação ao corpo das mulheres.

Sistema genital masculino

As estruturas representadas nas ilustrações desta página estão sem escala e com cores-fantasia.

Os principais órgãos do sistema genital masculino são o pênis e os testículos – mostrados na imagem a seguir. As células reprodutivas masculinas são chamadas de **espermatozoides**.

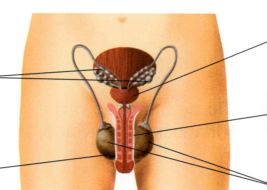

Vesículas seminais: produzem uma substância nutritiva para os espermatozoides.

Escroto: espécie de bolsa onde ficam alojados os testículos.

Próstata: glândula que produz uma substância viscosa que ajuda a prolongar a vida dos espermatozoides.

Pênis: é o órgão que possibilita o depósito dos espermatozoides no interior do corpo da mulher.

Testículos: produzem os espermatozoides, células reprodutoras masculinas.

Ilustrações: Vagner Coelho

Sistema genital feminino

Os principais órgãos do sistema genital feminino são os ovários, as tubas uterinas, o útero e a vagina. As células reprodutivas femininas são os **ovócitos**, que ficam alojados no ovário. A partir de determinada idade, os ovócitos são liberados e podem se encontrar com um espermatozoide, gerando uma nova vida. Os principais órgãos do sistema genital feminino são mostrados na imagem a seguir.

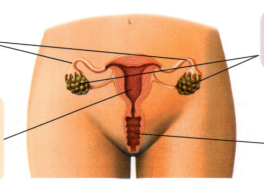

Tubas uterinas: são dois tubos que ligam os ovários ao útero.

Útero: é o órgão responsável por receber o ovócito fertilizado por um espermatozoide, que nele se desenvolve até se tornar um bebê.

Ovários: órgãos em que são produzidos os ovócitos, as células reprodutoras femininas.

Vagina: é o órgão que liga o útero ao meio externo. Ela recebe o espermatozoide do homem, e por ela o bebê nasce, nos partos naturais.

A vida dividida em fases

Após nove meses de desenvolvimento dentro do corpo da mãe, o bebê nasce, e seu organismo continuará mudando, passando assim por diferentes fases da vida.

Infância

A infância é um período que vai do nascimento até mais ou menos os 10 anos. Nessa fase, a criança deve aprender as normas para o bom convívio com o mundo, o que inclui limites para brincadeiras e aquisição de conhecimentos.

Esse conhecimento e a integração com o mundo devem ser transmitidos em um primeiro momento pelos familiares ou responsáveis pela criança.

Adolescência

A adolescência é o período de transição da infância para a idade adulta. Nessa fase ocorrem muitas mudanças no indivíduo, tanto psicológicas quanto físicas, como veremos a seguir.

Idade adulta

Essa fase se inicia por volta dos 20 anos, quando o corpo já está totalmente desenvolvido. A pessoa passa a ter muitas responsabilidades sociais. É nesse período que geralmente o ser humano se reproduz, formando uma família.

Velhice

Período que se inicia por volta dos 65 anos e permanece pelo resto da vida do indivíduo. O organismo fica mais debilitado, mas uma rotina de práticas saudáveis confere melhor qualidade de vida para essas pessoas

Adolescência – uma etapa de mudanças

A fase de transição entre a infância e a adolescência é uma etapa caracterizada pelo amadurecimento dos órgãos sexuais, com a produção das células reprodutoras. Esse período é chamado de puberdade. Seu início não é exatamente o mesmo em todas as pessoas, mas em geral começa entre 11 e 14 anos de idade.

O corpo dos adolescentes passa por intensas transformações, como aumento da altura e crescimento de pelos nas axilas e na região dos órgãos sexuais.

Nessa fase, os seios das meninas se desenvolvem, o corpo começa a adquirir formas mais curvilíneas, o quadril se alarga e ocorre a menstruação.

Nos meninos, os testículos e o pênis se desenvolvem, a voz fica mais grave e começam a aparecer os pelos faciais, que constituirão o bigode e a barba.

É normal durante essa fase se sentir um pouco desajeitado ou inseguro, já que as mudanças ocorrem rapidamente e, muitas vezes, os adolescentes não se sentem confortáveis com elas. No entanto, essas alterações fazem parte do desenvolvimento de todos os seres humanos.

Os pelos corporais se concentram no púbis e nas axilas.

Desenvolvem-se as mamas, que nas mulheres grávidas produzirão leite.

Crescem pelos na face e no corpo todo.

A laringe se alarga, tornando a voz mais grave.

O quadril fica mais largo (característica que facilita o parto).

A musculatura se desenvolve mais.

Ocorre o acúmulo de gordura no quadril e nas coxas.

Ombros e caixa torácica ficam mais largos.

Ilustrações: Marcos de Mello

Gerando uma nova vida

A reprodução do ser humano ocorre de modo sexuado, com a fecundação no interior do corpo da mulher.

A cada 28 dias, aproximadamente, a mulher tem um período chamado fértil, em que um ovócito sai dos ovários e se dirige ao útero, passando pelas tubas uterinas. Se um espermatozoide for depositado no corpo da mulher nesse período e penetrar no ovócito, poderá ocorrer a fecundação. Isso geralmente acontece quando o ovócito ainda está nas tubas uterinas.

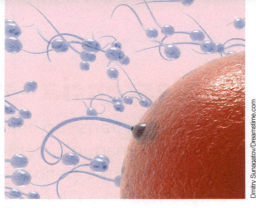

Representação artística de espermatozoide fecundando o ovócito, que logo após a fecundação transforma-se no óvulo. A imagem está sem escala e com cores-fantasia.

Após algumas semanas, o embrião já apresenta todas as partes do bebê: braços, pernas, coração etc.; nesse estágio, passa a ser chamado de feto e continua crescendo. Depois de aproximadamente 40 semanas, ou 9 meses, ele está pronto para nascer.

Na gestação, o corpo da mulher passa por diversas modificações: o abdome e os seios crescem em razão do desenvolvimento do feto e da produção do leite. No ambiente uterino, o feto recebe todos os nutrientes necessários para seu desenvolvimento por meio da placenta, que é ligada ao feto pelo cordão umbilical. Após o nascimento, o leite materno passa a ser o alimento ideal para o desenvolvimento do recém-nascido.

Menstruação – A cada 28 dias, o corpo da mulher se prepara para uma gravidez. Entre outras alterações físicas e hormonais, o útero é recoberto por uma camada que servirá de abrigo para o embrião se fixar. Se o ovócito vai para a tuba uterina e não é fecundado por um espermatozoide, não há embrião e tanto o ovócito quanto o revestimento do útero, que inclui vasos sanguíneos, são eliminados pela vagina no processo chamado de menstruação.

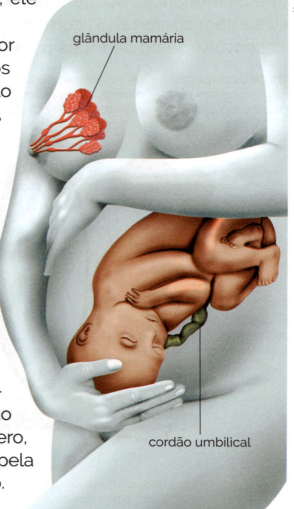

ATIVIDADES

1 O sistema urinário retira substâncias tóxicas do organismo por meio da urina. E o sistema genital, qual é sua função?

_____
_____
_____
_____

2 Qual é o nome da célula reprodutiva masculina? E da feminina?

_____

3 Escreva o nome das partes principais que compõem os órgãos a seguir.

a) _____
_____
_____

b) _____
_____
_____
_____
_____

4 Ordene as fases da reprodução numerando-as na sequência correta.

☐ O ovócito se desenvolve, dando origem ao embrião.

☐ O espermatozoide é depositado no interior do corpo da mulher.

☐ O ovócito fecundado atinge o útero.

☐ A mulher produz o ovócito e o homem produz o espermatozoide.

☐ O embrião se desenvolve e passa a ser chamado de feto.

☐ O ovócito fixa-se nas paredes do útero.

☐ O ovócito é fecundado pelo espermatozoide.

☐ Termina o desenvolvimento do feto e ocorre o nascimento do bebê.

UNIDADE 8
MATÉRIA E ENERGIA

Matéria e energia ao nosso redor

Matéria é tudo o que está ao nosso redor. Podemos chamar de **matéria** tudo o que tem massa e ocupa lugar no espaço.

A **energia** não ocupa lugar no espaço e não tem massa, mas é responsável pelo movimento e pelas transformações que ocorrem no ambiente, nos objetos e no funcionamento do organismo dos seres vivos. É a energia que faz os equipamentos de nosso dia a dia funcionarem.

O ar também é matéria. Ao mover-se, ele gera energia, que é transferida para o cata-vento.

As plantas são feitas de matéria e utilizam a energia do Sol para crescer e se manter vivas.

Nós somos feitos de matéria. Utilizamos a energia contida nos alimentos para fazer nossas atividades, como brincar e estudar.

O rádio é feito de matéria e funciona por causa da energia elétrica fornecida por uma pilha ou bateria.

Ilustra Cartoon

Propriedades da matéria

Olhe para os objetos à sua volta: tudo é matéria. Há matéria até onde você não pode ver, como o ar à nossa volta. A matéria tem algumas propriedades em comum. Vamos conhecer algumas delas.

Massa

Massa é a quantidade de matéria contida em um **corpo**. Ela pode ser medida por uma balança.

A unidade de medida mais comum para a massa é o quilograma (kg). Outra unidade comumente utilizada para a massa é o grama (g). Um quilograma corresponde a 1000 gramas.

GLOSSÁRIO

Corpo: é uma porção limitada da matéria. Um corpo pode ser uma carteira, um caderno, um lápis etc.

Utilizamos o grama (g) em nosso cotidiano para medir coisas leves, como pães, frutas ou temperos.

Utilizamos o quilograma (kg) para medir a massa de nosso corpo, por exemplo.

Volume

Sabemos que toda matéria ocupa um lugar no espaço. A medida do espaço que ela ocupa corresponde a seu **volume**.

A medida de volume mais usada é o litro (L). Outra medida comum é o mililitro (mL). Cada litro contém 1000 mililitros.

O volume de um líquido pode ser medido em um recipiente graduado.

Densidade

A relação entre massa (quantidade do material) e volume (espaço que ele ocupa) é chamada de **densidade**. Quanto mais massa houver em certo volume de um material, maior será sua densidade. Assim, se um material for mais denso que a água, ele afundará nela; se for menos denso, ele flutuará.

A maçã é menos densa que a água.

BRINCANDO DE CIENTISTA

Flutua ou afunda?

Quais destes objetos flutuam e quais afundam? Quais absorvem a água?

Material:
- recipiente com água;
- pedaço de madeira;
- pedaço de balão de festa;
- esfera de plástico EPS (poliestireno expandido);
- borracha escolar;
- botão;
- clipe;
- pedaço de papel;
- grão de feijão.

Modo de fazer

1. Observe as características do material que compõe cada objeto.
2. Faça suas previsões e anote quais objetos afundarão e quais flutuarão ao serem colocados na água.
3. Coloque com cuidado cada material dentro do recipiente, um por um, e observe o que acontece.
4. Anote em uma folha avulsa o que ocorre com cada um deles na água: Afundam ou flutuam?

Agora, responda às questões a seguir no caderno.

a) O que você observou?

b) Por que alguns objetos afundam e outros flutuam?

Elasticidade

O volume da matéria é definido em corpos sólidos e líquido; entretanto, ele varia no estado gasoso. Um gás pode ser **comprimido**, ou seja, ter seu volume diminuído, ou **expandido**, o que significa ter seu volume aumentado.

A capacidade de retornar a seu volume inicial, quando deixa de ser comprimido ou expandido, é chamada de **elasticidade**.

Comprovamos a elasticidade do ar usando uma seringa sem agulha. Basta posicionar o êmbolo da seringa na metade dela e tampar sua ponta com o dedo, impedindo a saída do ar. Ao empurrarmos o êmbolo, podemos constatar que o ar que está dentro da seringa é comprimido. Ao soltarmos o êmbolo, ele volta para a posição inicial, devido à elasticidade do ar, que volta ao volume inicial.

Da mesma forma, ao puxarmos o êmbolo para trás, podemos constatar que o ar se expandiu. Novamente, ao soltarmos o êmbolo, ele voltará à posição inicial.

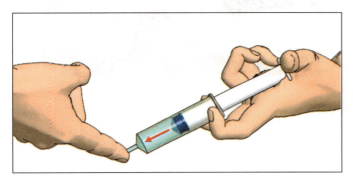
Ar se comprime dentro da seringa.

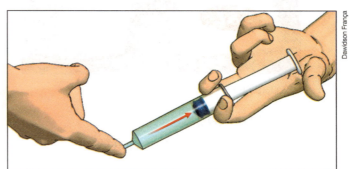
Ar se expande dentro da seringa.

Capacidade de dissolução

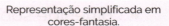
Representação simplificada em cores-fantasia.

Se você dissolver açúcar em um copo de água, notará que parece que o açúcar sumiu. No entanto, ele não desapareceu, apenas se dissolveu na água. Assim como o açúcar, diversas substâncias podem ser dissolvidas na água. Nesse caso, a água é chamada de **solvente**, e o elemento que ela dissolve recebe o nome de **soluto**. A água é considerada um solvente universal, pois possibilita a dissolução de uma grande quantidade de solutos diferentes.

Neste exemplo, a água age como solvente (elemento que dissolve) e o açúcar como soluto (o que está sendo dissolvido).

BRINCANDO DE CIENTISTA

Será que dissolve?

Representação simplificada em cores-fantasia.

Vamos observar que tipos de materiais a água consegue ou não dissolver.

Etapas do experimento.

Material:
- 2 copos com água;
- sal;
- areia;
- colher (de sobremesa).

Modo de fazer

1. Coloque uma colher de sal, não muito cheia, em um dos copos com água. Depois, coloque a mesma quantidade de areia no outro copo.

2. Use a colher para mexer a mistura com sal durante 30 segundos (marque no relógio). Em seguida, faça a mesma coisa com o copo que tem areia.

Agora, responda às questões abaixo no caderno.

a) Nos dois procedimentos, qual era o solvente?

b) Os dois materiais se dissolveram depois de mexidos? Ou seja, quais podem ser chamados de solutos?

ATIVIDADES

1 Com base na imagem ao lado, responda às questões.

a) Se pesarmos os três balões, qual deles terá maior massa? Por quê?

_____
_____
_____

b) Qual dos balões terá menor massa? Por quê?

_____
_____

2 Identifique a propriedade da matéria envolvida em cada situação.

a) Que bola pesada! _____

b) Você esqueceu a boia flutuando na piscina. _____

c) Esse cachorro é tão pequeno! _____

d) Prefiro meu café com açúcar. _____

e) Estiquei o elástico para prender o cabelo, mas ficou muito apertado.
_____

3 Qual propriedade da matéria possibilita ao mergulhador usar o cilindro de ar para respirar embaixo da água? Explique.

_____
_____
_____

Transformações da matéria

A matéria pode sofrer transformações. Assim, os seres humanos podem modificá-la de acordo com suas necessidades, formando outros materiais.

As transformações da matéria podem ser classificadas em dois tipos: **transformações físicas** e **transformações químicas**.

Transformações físicas

São transformações que não alteram a composição do material. Ao esculpir um objeto de madeira, por exemplo, a madeira pode ser cortada, lixada e montada com outros materiais, como acessórios de metal e plástico, mas continua sendo madeira.

Para fazer alguns instrumentos musicais, a madeira é esculpida em peças e montada.

A **fragmentação** de um corpo, ou seja, sua divisão em pedaços, é uma transformação física. Quando um objeto é quebrado ou cortado, por exemplo, os pedaços ainda são do mesmo material.

Quando um vaso se quebra, ocorre uma transformação física.

Outra transformação física é a **mudança no estado físico** da matéria. A água, por exemplo, é líquida na temperatura ambiente. Se for aquecida, pode se tornar gasosa, formando o vapor de água. E, se for resfriada, pode se tornar sólida, formando o gelo. Mas nos três casos sua composição permanece a mesma. Metais como o cobre podem ser aquecidos até atingir o estado líquido para serem moldados novamente.

A mistura de materiais pode ser uma transformação física, caso não haja alteração dos componentes, como ocorre com a água e o sal. Apesar de não enxergarmos o sal na mistura, ele pode ser recuperado após a água evaporar.

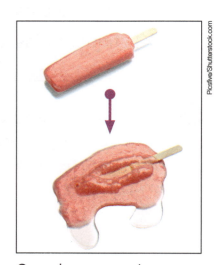

Quando um sorvete derrete, ocorre uma transformação física.

Transformações químicas

São transformações que alteram a composição do material, formando um ou mais materiais diferentes no processo. Ao fazer um pão, por exemplo, misturamos diferentes ingredientes para, no final, obtermos uma massa de textura e sabor distintos dos materiais de origem.

A produção do pão é uma transformação química.

Outro exemplo de transformação química é a **combustão**. Nesse processo, um material é queimado, levando à constituição de novas substâncias, como gases e cinzas.

Folha de papel é queimada, liberando gases e cinzas.

A ferrugem é um indício de transformação química, na qual o oxigênio entra em reação com um metal.

A **oxidação** também é uma transformação química, na qual materiais são transformados ao reagirem com certas substâncias, como o oxigênio do ar. Um produto muito comum da oxidação é a ferrugem.

Já na **decomposição**, seres vivos e resíduos de seres vivos são transformados em água e em compostos mais simples por meio da ação de fungos e bactérias.

A decomposição realizada por fungos e bactérias resulta na transformação das substâncias que compõem um tomate, por exemplo.

1. Quais transformações da matéria podem ser consideradas transformações físicas?

2. O aço é produzido por meio da mistura do ferro com o carbono. Que tipo de transformação é essa? Justifique.

BRINCANDO DE CIENTISTA

Observando a oxidação

Material:

- 2 potes de vidro transparentes, limpos, secos e com tampa;
- 2 esponjas de aço;
- 2 etiquetas e caneta para escrever nelas;
- água.

Modo de fazer

1. Escreva em cada etiqueta o estado da esponja: seca ou úmida. Cole uma etiqueta em cada pote. Certifique-se de que os potes estejam bem secos.

2. No pote em que está escrito "seca", coloque a esponja de aço e feche-o.

3. No pote em que está escrito "úmida", coloque a esponja de aço e adicione água até atingir aproximadamente 2 cm de altura. Tampe-o.

4. Coloque os dois potes em um local seguro, para que não corram o risco de cair e quebrar-se, e onde possam ser observados.

5. Observe o que acontece com as esponjas depois de cinco dias. Registre os resultados de cada pote.

Agora, responda às questões a seguir no caderno.

a) O que aconteceu com a esponja seca?

b) O que aconteceu com a esponja úmida?

c) A que conclusão você chegou após observar o experimento com as esponjas colocadas sob diferentes condições?

d) A esponja passou por transformação física ou química?

Energia

A energia é definida como a capacidade de realizar trabalho, e todos os seres vivos dependem dela para sobreviver.

A energia pode ser transferida de um corpo para outro ou então mudar de forma. Ela não surge nem desaparece, mas se transforma.

Há diversas formas de energia.

A **energia luminosa** é aquela gerada pela luz. As fontes de luz podem ser naturais, como o Sol, ou artificiais, como a lâmpada. A energia da luz do Sol é utilizada pelas plantas na fotossíntese e pelo ser humano para transformá-la em energia elétrica.

As plantas utilizam a luz do Sol para a fotossíntese.

A **energia térmica** está relacionada à temperatura dos corpos. O calor é a energia transferida de um corpo para outro. Quando um corpo recebe calor, ele esquenta; quando perde, esfria.

A principal fonte de calor natural do planeta é o Sol. A energia térmica pode ser convertida em energia elétrica nas usinas termelétricas.

O calor gerado pela queima do carvão já foi a principal fonte de energia para movimentar locomotivas.

A **energia química** é a energia contida na matéria. É esse tipo de energia que está presente, por exemplo, nos alimentos (metabolizada por nosso organismo), na gasolina (utilizada nos veículos) e em pilhas e baterias (empregadas para o funcionamento de aparelhos).

Os alimentos fornecem energia química.

A **energia mecânica** está relacionada ao movimento de um corpo ou à sua posição em relação a outro. Uma fonte natural de energia mecânica é o vento (energia eólica), que pode ser convertido em energia elétrica.

A **energia elétrica** é a gerada em pilhas, baterias ou usinas, sendo responsável pelo funcionamento de aparelhos elétricos e eletrônicos. Ela será estudada a partir da página 179.

Podemos perceber a energia mecânica no movimento de uma roda-gigante.

ATIVIDADES

1 É possível gerar alguma forma de energia sem uma fonte?
___
___
___

2 Assinale a afirmativa errada e reescreva-a de forma correta nas linhas abaixo.

☐ Em um ventilador, a energia elétrica é convertida principalmente em energia mecânica.

☐ Um fogão transforma a energia química do gás de cozinha em energia térmica e luminosa.

☐ Uma lâmpada gera principalmente energia luminosa.

☐ A energia mecânica é a energia obtida dos alimentos; ela mantém nosso corpo em funcionamento.

___
___
___

3 Indique, nos casos a seguir, qual é o tipo de energia inicial e em que tipo de energia ela se transforma.

a) Um liquidificador ligado: ___

b) Um carro movido a gasolina andando: ___

c) Uma pessoa esfregando uma mão na outra rapidamente: ___

d) Cata-vento de uma usina eólica: ___

e) Uma pessoa correndo: ___

Eletricidade

A energia elétrica é a que mais utilizamos em nossa casa. Ela é responsável por fazer funcionar todos os aparelhos elétricos, como televisão, geladeira e chuveiro. Além disso, é utilizada na iluminação pública, em equipamentos de hospitais e indústrias e até em transportes públicos, como o metrô.

A energia elétrica também é utilizada na iluminação de ruas e avenidas.

A eletricidade é gerada em usinas como as hidrelétricas e as termelétricas. Depois, é transportada a grandes distâncias, por meio de cabos grossos que formam redes de transmissão, até chegar às cidades, onde é distribuída por fios, que podem ser enterrados ou suspensos nos postes das ruas.

Cabos de transmissão de energia elétrica.

Alguns materiais, como os metais, são bons condutores de eletricidade, tanto que são utilizados nos cabos de transmissão. Já outros materiais são maus condutores elétricos, como o plástico e a borracha. Por essa razão, esses materiais são utilizados no revestimento dos fios elétricos e na produção de plugues para que as pessoas não levem choque ao manusearem os fios.

Tomada para recepção de energia elétrica.

BRINCANDO DE CIENTISTA

Testando materiais em um circuito elétrico

Material:
- 1 pilha AA;
- lâmpada pequena com soquete;
- fita adesiva;
- 3 pedaços de fios encapados de 10 cm;
- fita isolante;
- régua de plástico;
- moeda;
- pedaço de alumínio;
- borracha.

Modo de fazer

1. O professor vai desencapar cerca de 2 cm das extremidades de todos os fios.
2. Utilize a fita isolante para prender a ponta desencapada de dois fios nos dois polos da pilha.
3. Com a fita isolante, fixe a outra extremidade de um dos fios presos à pilha em um lado do soquete da lâmpada.
4. Fixe a parte desencapada do terceiro fio no outro lado do soquete da lâmpada.
5. Escolha um dos materiais para o teste e encoste nele ao mesmo tempo as duas pontas livres e desencapadas da estrutura.
6. Faça esse teste em todos os materiais (régua, moeda, alumínio e borracha).

Modelo para a montagem do circuito elétrico.

Agora, responda à questão a seguir.

a) Por que alguns materiais acendem a lâmpada e outros não?

Magnetismo

Há mais de 2 mil anos, na Grécia Antiga, ao observar os fenômenos da natureza, os gregos perceberam que uma pedra atraía o ferro. Isso aconteceu na região de Magnésia; assim, a pedra passou a ser chamada de **magnetita**. Já a propriedade de atrair o ferro ou outros metais é chamada de **magnetismo**.

Magnetita, um ímã natural.

Essa propriedade é encontrada nos **ímãs**, que podem ser naturais, como a **magnetita**, ou artificiais, como um ferro que passou por processo industrial para atrair outros metais.

O ímã tem duas extremidades, que são chamadas de polos. Esses polos, que separamos em **polo norte** e **polo sul**, marcam a área onde a força de atração é mais intensa. A região na qual podemos percebê-la é chamada de **campo magnético**.

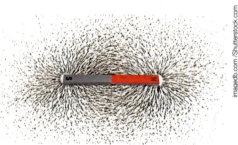

Podemos visualizar o campo magnético de um ímã ao colocar pó de ferro em torno dele.

Em um ímã, polos opostos se atraem e os iguais se repelem. Entretanto, se o dividirmos ao meio, cada uma das extremidades dessas partes apresentará novamente dois polos.

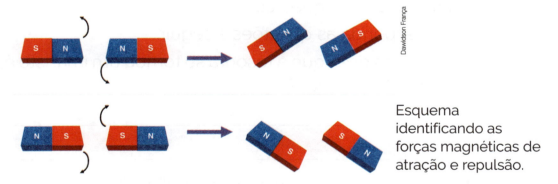

Esquema identificando as forças magnéticas de atração e repulsão.

A Terra é considerada um ímã gigante, pois está envolvida por um campo magnético. Um ímã que possa se movimentar livremente alinha-se com a direção geográfica norte e sul da Terra. Com base nessa constatação, os chineses desenvolveram a **bússola**, um aparelho que, por sofrer influência dos polos magnéticos da Terra, aponta sempre para o sentido norte-sul.

A bússola foi um instrumento importante de localização no passado.

BRINCANDO DE CIENTISTA

Vira ou não vira?

Será que uma tesoura comum pode se tornar um ímã temporariamente?

Material:
- 1 ímã;
- clipes;
- tesoura de metal com pontas arredondadas.

Modo de fazer

1. Aproxime o ímã dos clipes e observe o que acontece.
2. Aproxime a tesoura dos clipes e observe o que acontece.
3. Afaste os clipes e esfregue a tesoura de uma extremidade até a outra do ímã, sempre na mesma direção e no mesmo sentido. Faça isso pelo menos 30 vezes.
4. Aproxime novamente a tesoura dos clipes e observe o que acontece.
5. Aguarde alguns minutos e aproxime novamente a tesoura dos clipes para observar o que ocorre.

Agora, responda às questões a seguir.

a) Podemos dizer que a tesoura se tornou um ímã, isto é, que ela ficou imantada? Por quê?

_____

_____

b) A tesoura é um ímã natural ou artificial?

_____

c) Passado algum tempo, a tesoura permaneceu atraindo os clipes?

_____

_____

_____

ATIVIDADES

1 Mencione três utilidades da energia elétrica.

_____
_____
_____

2 Se você tivesse de construir uma ferramenta para manusear a parte elétrica de uma residência, que material escolheria para fazer o cabo dessa ferramenta: borracha ou alumínio? Justifique.

_____
_____
_____

3 Complete as frases com os termos adequados.

a) A propriedade da matéria de atrair ferro e outros metais é chamada _____.

b) Os ímãs podem ser _____, como a magnetita, ou _____, como a tesoura do experimento da página 182.

c) Um ímã tem duas extremidades, que são chamadas de _____ e _____.

d) A região em que atua a força de atração de um ímã é conhecida como _____.

4 Indique o que ocorrerá com os ímãs em cada situação:

a) S N N S   b) N S N S

_____   _____

5 Explique de maneira breve o funcionamento da bússola.

Invenções

Ao longo de sua história, o ser humano sempre criou novas tecnologias, seja para garantir sua sobrevivência, seja para aumentar seu conforto.

Antes do domínio da eletricidade, muitas invenções utilizavam energia mecânica ou térmica para funcionar, como a roda-d'água e o ferro de passar roupa.

O antigo ferro de passar roupa era aquecido pelo carvão em brasa colocado em seu interior.

Com o passar do tempo, o ser humano descobriu como gerar eletricidade e utilizá-la em seu benefício, o que possibilitou o aperfeiçoamento desses aparelhos e a invenção de outros.

Os avanços científicos e tecnológicos possibilitaram também a criação de meios de comunicação mais eficientes ao longo da história. Vejamos alguns deles.

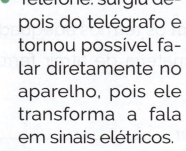

Hoje, o ferro de passar roupa é mais leve e prático.

- Telégrafo: primeiro aparelho a possibilitar a comunicação de forma rápida; ele enviava mensagens por meio de códigos de sinais elétricos que viajavam através de um cabo.

- Telefone: surgiu depois do telégrafo e tornou possível falar diretamente no aparelho, pois ele transforma a fala em sinais elétricos.

- Celular: hoje, é o meio mais popular, pois possibilita ao usuário utilizá-lo em qualquer local próximo de uma antena de transmissão. Proporciona também o acesso à internet.

O rádio e a televisão foram invenções que possibilitaram a divulgação de informações em massa. Acrescente-se a internet, criada para a comunicação entre laboratórios de pesquisa e hoje utilizada em todo o planeta.

PEQUENO CIDADÃO

Cyberbullying: o lado negativo da tecnologia

Bullying é a perseguição a uma pessoa feita por um indivíduo ou um grupo, devido à religião, cor da pele, modo de ser ou vestir-se da vítima, ou apenas por ela ser diferente da maioria.

Essa perseguição geralmente ocorre em ambiente escolar ou de trabalho, podendo gerar grande estresse na vítima.

Já o *cyberbullying* é o mesmo tipo de perseguição feita pelo celular ou pela internet nas redes sociais, nas quais várias pessoas resolvem postar imagens e comentários difamando a vítima de muitas formas.

Por tudo isso, é muito importante ter consciência ao postar fotografias em redes sociais ou enviá-las a outras pessoas, mesmo que sejam conhecidas. Uma vez que um conteúdo "caiu na rede", é bem difícil que ele seja removido, pois a postagem original pode ser apagada, mas qualquer um pode salvar uma cópia e continuar a espalhar o conteúdo.

Diferentemente do *bullying* físico, ainda é difícil saber de onde partiu a agressão e achar o agressor, que se esconde no anonimato. No entanto, já existe, no Brasil, legislação que reconhece o *cyberbullying* como crime passível de punição, e a polícia tem meios de encontrar a fonte da difamação.

A melhor prevenção a esse tipo de abuso é a conversa e a reflexão. Afinal, o que ganha uma pessoa ao humilhar a outra?

Colocar-se no lugar do outro é um bom exercício de consciência, pois, se quisermos ser respeitados, devemos criar um clima de respeito à nossa volta, tanto no mundo real quanto no virtual.

1 Com a supervisão do professor, discuta com os colegas o que leva as pessoas a agirem dessa forma. Como é possível evitar esse tipo de situação?

ATIVIDADES

1 Como a produção de energia elétrica mudou o modo de vida do ser humano?

_____

_____

2 Complete as frases com os nomes do quadro.

> telégrafo   celular   telefone

a) A inovação do _____ foi possibilitar que a fala seja convertida diretamente em sinais elétricos para chegar ao receptor.

b) O _____ possibilitava a comunicação ao enviar códigos de sinais elétricos, que eram interpretados do outro lado.

c) O _____ é um aparelho móvel que possibilita ao usuário se comunicar de qualquer lugar que tenha sinal vindo de uma antena.

3 Resolva o diagrama abaixo, que apresenta invenções humanas que possibilitaram descobertas ou tornaram nossa vida mais prática.

Ilustrações: Lucas Busatto

BRINCANDO

1 A menina quer testar a capacidade de atração de seu ímã. Identifique e circule os objetos que serão atraídos por ele.

BRINQUE MAIS

1) Siga a trilha do jogo apresentada na próxima página. Ao encontrar uma imagem, observe a letra que há nela e responda à questão indicada, a seguir, pela mesma letra. Se necessário, faça uma pesquisa. Após responder, continue a trilha.

a) De onde vem a água que abastece os rios?
_____

b) Por que as plantas são recursos importantes para as pessoas? Dê um exemplo.
_____
_____

c) Para onde vai o vapor de água liberado pela transpiração das plantas?
_____

d) Escreva o nome de um objeto, substância ou mistura que polui a água e pode prejudicar os seres que nela vivem.
_____

e) Escreva o nome da retirada de vegetação de um local.
_____

f) Escreva o nome de uma substância ou mistura que polui o ambiente.
_____

g) Qual é a relação entre rocha e solo?
_____

h) Cite uma atitude que protege o solo.
_____
_____

BRINQUE MAIS

3 Você já percebeu o que ocorre com sua respiração após uma atividade física?

- O personagem da história em quadrinhos a seguir fez uma atividade física e também observou algumas alterações no organismo.
- Observe as ilustrações e crie um diálogo para a história.